Band 90

OutdoorHandbuch

Hartmut Engel

Mallorca: Serra de Tramuntana

Der Weg ist das Ziel

Der Autor und der Verlag
sind für Lesertips und Verbesserungen
(besonders als E-Mail oder auf Diskette)
unter Angabe der Auflagen- und Seitennummer dankbar.
Leser, deren Einsendung verwertet wird,
werden in der nächsten Ausgabe genannt und erhalten als Dank
ein Exemplar der neuen Auflage
oder ein anderes Buch ihrer Wahl aus dem Programm des Verlags.

OutdoorHandbuch Band 90 aus der Reihe Der Weg ist das Ziel

MALLORCA: SERRA DE TRAMUNTANA

ISBN 3-89392-190-7
1. Auflage 2000

® Outdoor ist eine eingetragene Marke
für Bücher des Conrad Stein Verlags

Dieses OutdoorHandbuch wurde konzipiert und redaktionell erstellt vom
Conrad Stein Verlag, In der Mühle, 25821 Struckum
☎ 04671/931314, FAX 04671/931315
e-mail: <outdoor@tng.de> internet: <http://outdoor.tng.de>
für die OutdoorHandbuch Stein KG, Struckum.

Unsere Bücher sind in jeder Buchhandlung und in vielen cleveren
Ausrüstungsläden in Deutschland, Österreich und der Schweiz erhältlich.

Auslieferung für den Buchhandel: (D) Prolit, Fernwald und alle Barsortimente, (CH) AVA-buch 2000, Affoltern, (A) freytag & berndt, Wien.

Text und Karten: Hartmut Engel
Fotos: Hartmut Engel, Conrad Stein
Lektorat und Layout: Marion Malinowski, Marie-Luise Tolkmit
Gesamtherstellung: Breklumer Druckerei, 25821 Breklum

Dieses OutdoorHandbuch hat 125 Seiten
mit 17 farbigen und 9 s/w Abbildungen sowie 9 Karten.
Es wurde auf chlorfrei gebleichtem Papier gedruckt
und der besseren Strapazierfähigkeit wegen fadengeheftet.

0019800980

Inhalt

Symbole

Bahn	Markt/Lebensmittel
Busverbindung	Museum
Fähre	Öffnungszeiten
Straßenbahn	Parkplatz
Taxi	Polizei (guardia civil)
E-Mail	Post
Internet	Postleitzahl
Telefon	Achtung, Vorsicht
Information	Aussichtspunkt
Bank, Geldautomat	Bademöglichkeit
Bar, Getränkekiosk	Buchtip
Café	Enttäuschung
Restaurant, Imbiß	Tip
Campingmöglichkeit	siehe...
Hotel	Gesamtlänge
Hütte	Höhenunterschied
Kirche, Kloster	Wegmarkierung
Krankenhaus, Erste Hilfe	Zeitbedarf

Vorwort

Als ich meinen Freunden und Bekannten von dem Vorhaben erzählte, ein Reisebuch über Mallorca zu schreiben, stieß ich bei ihnen zunächst auf Unverständnis: Reisebücher über Mallorca gäbe es ja zuhauf - womit sie zweifellos recht hatten.

Auch das Argument, daß es ein Wanderführer werden sollte, konnte sie nicht von dem Sinn meines Unterfangens überzeugen, denn auch Wanderführer gäbe es eine ganze Reihe.

Erst als ich ihnen mein Vorhaben genauer erklärte, waren sie plötzlich von der Idee begeistert. Der neue Wanderführer sollte nämlich nicht einfach nur ein Buch sein, in dem mehrere mehr oder weniger voneinander getrennte Wandertouren verstreut über die ganze Insel abgehandelt werden, sondern in dem ein durchgängiger Weitwanderweg in der Tradition klassischer LDR's (*Long Distance Routes*) beschrieben wird.

Und was bot sich da besseres für einen Weitwanderweg an, als eine Tour durch die Serra de Tramuntana, das große Gebirge Mallorcas im Nordwesten der Insel, auch Sierra del Norte genannt.

So liegt nun ein für Mallorca ganz neues und einzigartiges Wanderbuch vor Ihnen, mit dessen Hilfe Sie eine Langstreckenwanderung über mehrere Tage durch die Serra de Tramuntana unternehmen können.

Natürlich eignet sich der vorliegende Führer auch bestens für diejenigen, die nur die eine oder andere Wanderung in dem über 1.000 m hohen Gebirgszug unternehmen wollen und vielleicht nur zu Tagestouren aus einem Badeort anreisen, denn zusätzlich zu den Tagesetappen enthält das Buch auch weitere Wandervorschläge und Routenbeschreibungen entlang des Weitwanderweges.

Dieser Führer ist somit für alle Wanderer, die die Serra de Tramuntana oder Teile davon auf "Schusters Rappen" erschließen wollen, ein unverzichtbarer Helfer bei der Vorbereitung der Reise und idealer Wegbegleiter während der Wanderungen.

Vergessen möchte ich an dieser Stelle nicht, mich bei meiner Tochter Katharina zu bedanken, die ganz entscheidend zum Gelingen dieses Buches beigetragen hat. Dank schulde ich auch Jutta Kehnscherper und meinem Freund Norbert Peithmann, der mich schon auf so mancher Reise begleitet hat.

Hartmut Engel

Einführung

Der in diesem OutdoorHandbuch beschriebene Langstreckenwanderweg führt von Valldemossa bis nach Port de Pollença durch den größten Teil der Serra de Tramuntana. Die Serra de Tramuntana oder Sierra del Norte, wie das bis zu 1.445 m hohe Gebirge im Nordwesten der Insel auch genannt wird, ist so ganz anders als die gängigen Klischees über Mallorca vermuten lassen. Hier findet man noch kleine, ursprüngliche Dörfer sowie abgeschiedene Wanderwege und -pfade in einsamer, teilweise noch unberührter Natur weit weg vom "Ballermann 6-Image" vieler Touristenorte an den Küsten, spanisches Inselflair einmal anders.

Das Buch beschreibt die Wanderung durch das Gebirge von Valldemossa bis Port de Pollença im Norden der Insel in sechs Tagesetappen. An den Etappenzielen werden zusätzlich lohnende Kurz- und/oder Tageswanderungen aufgeführt, die dazu verleiten sollen, sich auch längere Zeit an einem Ort aufzuhalten.

Die Route führt Sie zu den interessantesten und sehenswertesten Orten der Tramuntana, seien es nun Dörfer oder Städte wie Valldemossa, Deyá, Sóller oder Port de Pollença, sakrale Bauten wie das weltberühmte Kloster Lluc oder Naturschönheiten wie die höchsten Gipfel der Insel und die atemberaubende Karstschlucht Torrent de Pareis.

Die einzelnen Etappenbeschreibungen enthalten ausführliche Angaben über den Wegverlauf, über Verkehrsverbindungen und Übernachtungsmöglichkeiten sowie Informationen zu interessanten und wissenswerten Details aus Natur und Landschaft, Kultur und Geschichte.

☺ Für die vorgeschlagene Wanderung durch die Serra de Tramuntana benötigen Sie mindestens 5 bis 6 Tage. Sie eignet sich also auch für einen Kurzurlaub. Wer mehr Zeit hat, sollte schon 14 Tage oder mehr investieren, um an den einzelnen Etappenorten längere Zeit verweilen zu können und von dort aus Land und Leute auf kürzeren oder längeren Touren kennenzulernen.

Beachten Sie, daß es sich bei den Zeitangaben für die einzelnen Wanderungen immer um reine Gehzeiten (ohne Pausen) handelt, die natürlich je nach individueller Geschwindigkeit nur grobe Richtwerte sein können.

Die Kartenskizzen dieses Führers im Maßstab 1:75.000 bis 1:100.000 dienen zur groben Orientierung im Gelände sowie zur Planung der Tour. Da die meisten Routen ausreichend markiert sind, werden Sie sich mit den Routenbeschreibungen und Karten im Buch ausreichend im Gelände orientieren können. Für Wanderungen abseits der markierten Tagesetappen werden Sie dennoch zusätzlich detaillierte Wanderkarten in einem Maßstab von mindestens 1:50.000 benötigen (☞ Reise-Infos von A bis Z, Karten).

Noch ein Wort zu den **Besitzverhältnissen** auf der Insel: Fast ganz Mallorca befindet sich in Privatbesitz. Leider ist es so, daß sich einige Grundbesitzer in den letzten Jahren durch den zunehmenden Wandertourismus - ob zu Recht oder Unrecht sei dahingestellt - gestört fühlen und das Betreten ihres Besitzes zeitlich eingeschränkt oder sogar ganz verboten haben.

Die Route des hier beschriebenen Langstreckenwanderwegs ist so zusammengestellt, daß sie derzeit noch ohne zeitliche Einschränkungen an jedem Tag der Woche passierbar ist. Allerdings müssen Sie für einen Teil der Strecke zwischen Tossals Verds und dem Kloster Lluc an den Besitzer der Finca Coma Freda eine Maut bezahlen.

Diese freie Passierbarkeit gilt nicht in jedem Fall für die gegebenen Wandertips. Manche dieser Touren sind nur an bestimmten Tagen oder zu bestimmten Jahreszeiten passierbar. Bedenken Sie, daß die Landbesitzer nach eigenem Gutdünken jederzeit Einschränkungen oder Erleichterungen vornehmen können, die von den derzeit gültigen Angaben dieses Buches abweichen können.

Obwohl Bestrebungen im Gange sind, eine durchgehende Route für Wanderer auch zwischen Andraitx am Südende der Serra de Tramuntana und Valldemossa zu schaffen, gibt es diese derzeit noch nicht, wenn man nicht lange Strekken an stark befahrenen Straßen zurücklegen möchte. Daher beginnt der beschriebene Langstreckenwanderweg auch erst in Valldemossa. Entsprechendes gilt für den nördlichen Ausläufer des Gebirgszuges, die Halbinsel Formentor.

Kapiteltitel

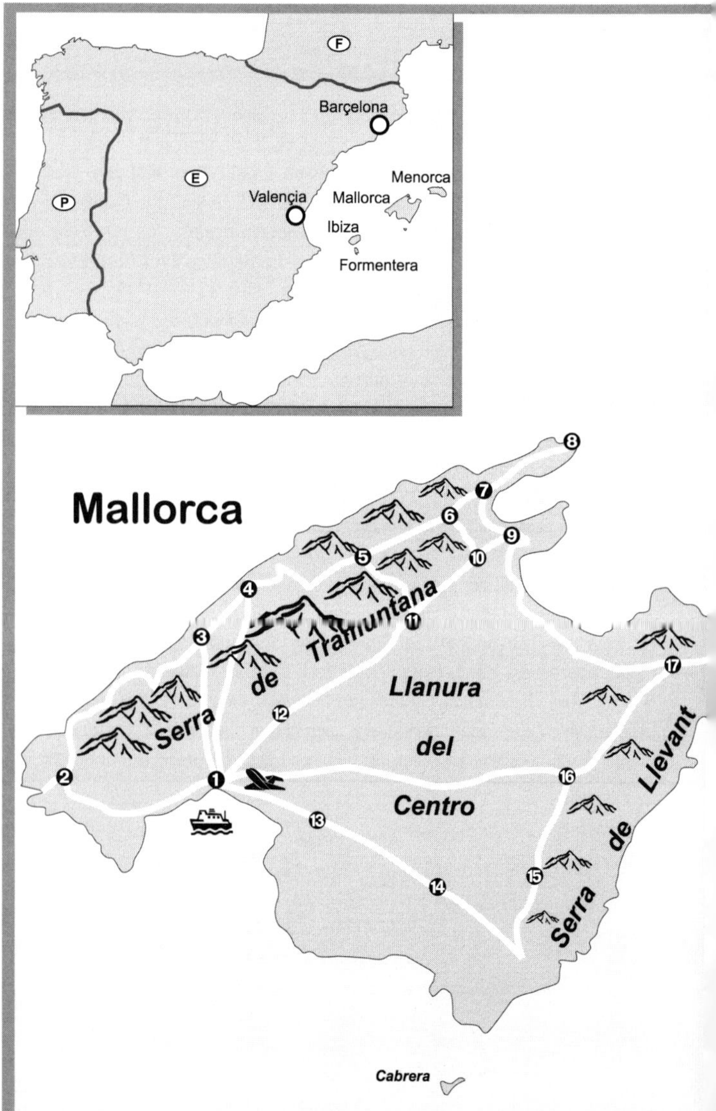
F
Barçelona
E
P
Menorca
Valençia
Mallorca
Ibiza
Formentera
Mallorca
Serra de Tramuntana
Llanura del Centro
Serra de Llevant
Cabrera
1
2
3
4
5
6
7
8
9
10
11
12
13
14
15
16
17

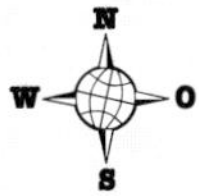

Menorca

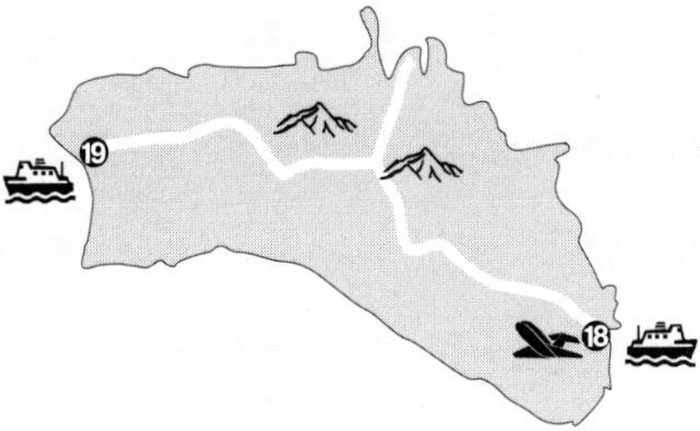

1. Palma
2. Andratx
3. Valldemossa
4. Sóller
5. Lluc
6. Pollença
7. Port de Pollença
8. Cap Formentor
9. Alcúdia
10. La Puebla
11. Inca
12. Santa Maria del Cami
13. Llucmajor
14. Campos del Port
15. Felanitx
16. Manacor
17. Arta
18. Mahon
19. Ciudadela

Land
und
Leute

Geographie

Mallorca ist die größte Insel der **autonomen spanischen Provinz der Balearen**, zu denen noch Menorca, Ibiza, Formentera sowie einige kleinere Eilande gehören. Die Inseln sind die Fortsetzung der Betischen Kordilleren, des Andalusischen Faltengebirges im Südosten Spaniens. Ihr Alter wird auf etwa 300 Millionen Jahre geschätzt.

Die Gesamtfläche der Inselgruppe beträgt etwa 5.000 km², wovon Mallorca einen Anteil von 3.700 km² hat. Mallorca liegt etwa 180 km vor der spanischen Küste. Ihre größte Ost-West-Ausdehnung beträgt ca. 100 km, die größte von Süden nach Norden knapp 80 km. Gut 600.000 Einwohner leben auf der Insel, davon mehr als die Hälfte im Großraum der Hauptstadt Palma.

Von den Höhen des Gebirges im Nordwesten kann man deutlich die landschaftliche Dreiteilung der Insel erkennen: Im Nordwesten bildet die über 1.400 m hohe **Serra de Tramuntana** eine geschlossene Bergkette, die bis ans Meer heranreicht. Dieser Gebirgszug bedeckt etwa ein Viertel der der Inselfläche. Zahlreiche Gipfel überschreiten die 1.000 m Marke.

Mit 1.445 m ist der **Puig Major** der höchste Gipfel Mallorcas. Da sein Gipfelbereich militärisches Sperrgebiet ist und nicht bestiegen werden darf, ist der **Massanella** (☞ Routenbeschreibung im Reiseteil) mit 1.352 m der höchste von Wanderern erreichbare Punkt Mallorcas.

An der Südostküste der Insel verläuft ein weiterer Höhenzug, die **Serra de Llevant**, die allerdings nur eine Höhe von knapp 600 m erreicht. Dazwischen liegt die weite, mehr oder weniger flache Ebene **Llanura del Centro**. Dieses Tiefland, das zum größten Teil aus Meeresablagerungen, verwittertem Material der beiden Küstengebirge und aus Afrika herübergewehten rötlichen Sanden besteht, ist mit seinen fruchtbaren Böden das Herzstück der mallorquinischen Landwirtschaft.

Klima

Mallorca liegt in einer Zone mit mediterranem, semi-aridem Klima, d.h. die Sommer sind heiß und trocken, die Winter mild. Durch die Lage im Westen des Mittelmeeres wird das Wettergeschehen der Insel allerdings auch durch atlantische Hoch- und Tiefdruckausläufer beeinflußt und ist daher nicht so beständig, wie z.B. auf den griechischen Inseln im östlichen Mittelmeer.

Die geringsten Niederschläge fallen in den Monaten von April bis August mit einem deutlichen Tief im Juli. Der regenreichste Monat ist der Oktober. Im Winter fällt in den Hochlagen der Tramuntana nicht selten Schnee, der auch über einen längeren Zeitraum liegen bleiben kann.

In der folgenden Tabelle sind die wichtigsten Klimadaten für Mallorca wiedergegeben:

Monat	**Lufttemperatur**		**Wasser-**	**Sonnen-**	**Sonnen-**	**Nieder-**
	max.	min.	**temp.**	**stunden**	**tage**	**schlag** (mm)
Jan.	14	6	14	5	20	39
Feb.	15	6	13	6	17	34
März	17	7	14	6	20	36
Apr.	19	9	15	7	16	28
Mai	23	13	17	10	20	27
Juni	27	16	21	10	26	20
Juli	29	19	24	11	28	4
Aug.	30	19	25	11	29	23
Sep.	27	18	24	8	23	56
Okt.	23	14	21	6	18	77
Nov.	18	10	18	5	23	56
Dez.	15	7	15	5	22	51

Das Gebirge im Nordwesten der Insel, die Serra de Tramuntana, hat seinen Namen von dem gleichnamigen, für die Balearen typischen Starkwind, der mit Geschwindigkeiten von über 100 km/h aus Nordwesten über die Inselgruppe fegt. Das über 1.000 m aufragende Gebirge bildet eine wirksame Barriere vor diesem Starkwind und schützt die dahinter liegende mallorquinische Ebene. Die Schutzfunktion der Serra de Tramuntana wird besonders deutlich, wenn man sich im Vergleich die Verhältnisse auf der nur wenig entfernten Nachbarinsel Menorca anschaut. Auf dieser Insel wird das ganze Landschaftsbild von den Kräften des starken Nordwestwindes geprägt.

Neben dem Tramuntana aus dem Norden gibt es noch eine ganze Reihe weiterer Winde, die das Wettergeschehen auf der Insel prägen:

- Vom **Mistral**, der aus Nordwesten weht, wird behauptet, daß er den Regen vertreibt.

- Im Winter weht häufig ein mit Regen verbundener kühler Westwind, der sog. **Ponent**.
- Aus Südwesten weht der **Llebeitx** und bringt feucht-warme Atlantikluft
- Heiße, schwüle Luft bringt der **Mitjorn**.
- Aus dem Osten weht mit milder Luft der **Llevant**.

Reisezeit

Mallorca ist bedingt durch die relativ milden Winter zu einem beliebten Ganzjahresziel geworden. Nicht wenige verbringen die kalte Jahreszeit auf der Baleareninsel und überwintern hier.

Für Wanderer muß man allerdings einige Einschränkungen machen. So eignet sich der Hochsommer im Juli und August mit teilweise sehr hohen Temperaturen nur bedingt, um unter glühender Sonne in z.T. schattenlosem Gelände zu wandern. Wer in dieser Jahreszeit dennoch die Wanderstiefel schnüren will, ist gut beraten, dies während der frühen Vormittagsstunden bzw. späten Nachmittagsstunden zu tun. Hinzu kommt, daß im Sommer die Insel meist ausgebucht und ein Quartier nur noch schwer zu finden ist. Dies gilt inzwischen aber auch für andere Zeiten, in denen in Deutschland Ferien sind, wie z.B. in den Herbstferien.

Gut geeignet zum Wandern sind auch die Wintermonate von November bis Mitte/Ende Januar. Allerdings muß man in dieser Jahreszeit auch mit heftigen Winden, Regen und in den höheren Lagen manchmal sogar mit Schnee rechnen.

Die besten Zeiten zum Wandern sind jedoch der Frühling und Frühsommer von Ende Januar bis in den Juni hinein sowie September und Oktober.

Wer schon einmal zur Mandelblüte Ende Januar/Anfang Februar auf der Insel war, wenn die Temperaturen wieder steigen, und man schon in Straßencafés sitzen kann, während die Lieben zu Hause immer noch bei Regen und Schnee frieren, wird verstehen, warum so viele Menschen den Winter auf Mallorca verbringen wollen.

Mit seiner ganzen Blütenpracht ist auch der Mai ein besonders attraktiver Reisemonat. Besonders schön ist es dann im Orangental um Sóller, wenn die duftenden Blüten an den Orangen- und Zitronenbäumen ein betörendes Aroma verbreiten und die reifen, goldenen Orangen und Zitronen einen herrlichen Kontrast mit dem tief blauen Himmel bilden.

Im Herbst können Sie noch bis weit in den Oktober hinein nach einer langen Tageswanderung im dann immer noch über 20 Grad warmen Mittelmeer Erfrischung suchen.

Flora und Fauna

Obwohl Mallorca relativ klein ist, zeichnet sich die Pflanzenwelt durch eine große Vielfalt aus. Mehr als 1.500 Pflanzenarten sind nachgewiesen worden. Diese Fülle ist durch die vielen verschiedenen Lebensräume bedingt. So findet man z.B. Pflanzen der Meeresküste ebenso wie Hochgebirgsarten oder Sumpfpflanzen.

Die Hänge der Tramuntana waren ursprünglich bis in eine Höhe von knapp 1.000 m mit immergrünem Hartlaubwald, der von Steineichen gebildet wird, bedeckt. Durch Rodung ist dieser **Steineichenwald** weitgehend zurückgedrängt worden. Größere geschlossene Bestände finden sich heute noch an den Hängen der Massanella (☞ Etappe 4).

Dort wo der Steineichenwald zerstört wurde, entwickeln sich, vorausgesetzt, das Land wird nicht kultiviert, Ersatzgesellschaften wie Macchie und Garrigue, die meist aus immergrünen Büschen und Sträuchern bestehen. Als **Macchie** bezeichnet man das oft undurchdringliche, 2 bis 5 m hohe Dickicht aus Hartlaubgewächsen wie Zistrosen, Ginster, Mastixstrauch oder Baumheide.

Sehr viel lückenhafter und kleinwüchsiger wachsen die Pflanzen der **Garrigue**, die man meist auf felsigen Böden findet und die weite Teile der Tramuntana prägen. Hier fallen vor allem Pflanzen auf, die Sie aus der mediterranen Küche kennen und die der Luft ihren charakteristischen, aromatischen Duft verleihen, vor allem Rosmarin oder Thymian, aber auch Lavendel und Knoblauch. Typisch ist auch Diß- oder Schneidgras.

Ebenfalls nicht natürlichen Ursprungs sind die **Aleppokiefernwälder**. Die Kiefer mit ihren bis zu 10 cm langen Nadeln kam im 16. Jahrhundert auf die Insel. Inzwischen hat sie sich so weit verbreitet, daß ein Fünftel der Inselfläche von Aleppokiefernwald bedeckt ist.

Aus Zentralasien eingeführt wurde auch der Mandelbaum, der von Mitte Januar bis Ende Februar blüht und weite Teile der mallorquinischen Landschaft in ein Blütenmeer verwandelt. Zu den Kulturpflanzen gehören auch der Öl- oder Olivenbaum, der Johannisbrotbaum, der Feigenbaum und die Zitrusfrüchte, die vor allem rund um Sóller wachsen.

Der Herbst bietet sich für Pilzkenner an. In den Wäldern findet man allerorten Pilze, von denen eine ganze Reihe eßbar sind. Viele erreichen Größen, die aus unseren Wäldern unbekannt sind und mit denen man allein eine ganze Mahlzeit zusammenbringen könnte.

Typisch für Inseln sind sog. **Endemiten**. Bei diesen Pflanzen (oder Tieren) handelt es sich um Arten, die nur auf dieser Insel vorkommen und sonst nirgendwo.

Mallorca ist besonders reich an endemischen Arten. Etwa 10 % der Pflanzen kommen nur hier vor. Besonders die Serra de Tramuntana ist Heimat vieler Endemiten, wie z.B. der Leuchtende Ginster (*Genista lucida*), die Balearen Strohblume (*Helichrysum ambiguum*), das Italienische Brandkraut (*Phlomis italica*) oder der Stachelige Gamander (*Teucrium subspinosum*), um nur einige zu nennen.

Auch in der **Fauna** Mallorcas finden wir eine größere Anzahl von Endemiten. Beispielhaft genannt seien hier die verschiedenen Formen der Halsbandeidechsen, die Balearen-Eidechse (*Podarcis lilfordi*) sowie die Pityusen-Eidechse (*Podarcis pityusensis*).

Neben diesen endemischen **Reptilien** sind noch die Mauer-eidechsen sowie zwei Geckoarten vertreten. Auch die Griechische Landschildkröte sowie Sumpfschildkröten gehören zur Fauna der Insel. Es gibt vier Schlangenarten (Ringel-, Treppen-, Viper- und Kapuzennatter), die aber alle ungiftig sind.

Die **Amphibien** sind nur mit vier Arten vertreten: der durch sein knarrendes, lautes Rufen zur Laichzeit nicht zu überhörende Mittelmeer-Laubfrosch, der Seefrosch, die Geburtshelferkröte und die Wechselkröte.

Mit Ausnahme von verwilderten Ziegen gibt es keine größeren Säugetiere. Das größte einheimische Säugetier ist die dämmerungs- und nachtaktive Ginsterkatze, die in ihrer Gestalt einer Hauskatze ähnelt. Die sehr scheuen Räuber leben verborgen, und man muß schon sehr viel Geduld aufbringen und zusätzlich noch Glück haben, wenn man sie in der freien Wildbahn zu Gesicht bekommen will. Relativ häufig sind dagegen Wildkaninchen. Darüber hinaus leben auf Mallorca Igel, Spitzmäuse, Mäuse und Ratten. Mit 11 Arten sind die Fledermäuse vertreten, die in den vielen Höhlen im karstigen Gestein ideale Unterschlupfmöglichkeiten finden.

Am artenreichsten unter den Wirbeltieren ist die Gruppe der **Vögel**. Etwa 300 Arten, davon 100 als Brutvögel, wurden bisher registriert. In der Serra de Tramuntana leben 30 Greifvogel- und 6 Eulenarten. Eindrucksvollster Vogel ist dabei sicher der Mönchsgeier, der mit seiner Spannweite von bis zu 3 m der größte Altweltgeier und der größte Vogel Mallorcas überhaupt ist. Mit etwas Glück wird man diesen imposanten Vogel während der Wanderung am Himmel sehen.

Die größte Artenfülle bieten naturgemäß die **Insekten**. Neben prächtigen Käfern fallen vor allem die bunt schillernden Schmetterlinge auf. Durch ihren charakteristischen Gesang machen Grillen und Singzikaden auf sich aufmerksam.

Sprache

Wer auf Mallorca unterwegs ist, wird oft durch die Vielfalt der unterschiedlichen Schreibweisen für geographische Stätten und Orte verwirrt. Und auch auf Landkarten, in Reiseführern oder Prospekten werden Sie unterschiedliche Bezeichnungen für gleiche Ortschaften, Berge, Flüsse oder Täler finden.

Dies liegt im wesentlichen daran, daß auf den Balearen im Grunde drei Sprachen gesprochen werden: **Castellano**, **Catalan** und **Mallorquin**.

Castellano ist die Sprache, die außerhalb Spaniens als Spanisch bezeichnet wird und die in Deutschland als die Fremdsprache "Spanisch" gelehrt wird. Sie war während der Diktatur Francos in Spanien einzige offizielle Sprache. Alle anderen Regionalsprachen waren verboten.

Nach dem Ende der Diktatur wurden die Regionalsprachen wieder erlaubt und der Unterricht in den Schulen erfolgt z.T. wieder in diesen Sprachen. Eine dieser Sprachen ist das **Catalan**, das hauptsächlich in Katalonien auf dem Festland gesprochen wird und inzwischen eine europäisch anerkannte Sprache ist. Das Catalan wird seit dem 13. Jahrhundert auch auf Mallorca gesprochen.

Aus dem Catalan entwickelte sich im Lauf der Jahrhunderte das **Mallorquin**. Im eigentlichen Sinn des Wortes ist das Mallorquin aber keine eigene Sprache, sondern nur ein Dialekt des Catalan. Auf den anderen Baleareninseln haben sich ähnliche Dialekte entwickelt.

Heute werden je nach Region auf Mallorca alle drei Sprachen gesprochen. Wer aber Spanisch, also Castellano kann, wird sich überall verständigen können, denn so gut wie jeder Mallorquiner versteht diese Sprache. Darüber hinaus sind die Unterschiede zwischen den Sprachen relativ gering.

Für Touristenzentren gelten dagegen wieder andere Regeln. Hier kann man manchmal den Eindruck gewinnen, daß man mit keiner der spanischen Sprachen weiterkommt. Angesagt sind hier, je nach vorherrschendem Heimatland der Urlauber, Deutsch oder Englisch.

In diesem Führer wird versucht, nach Möglichkeit die gebräuchlichste Schreibweise zu verwenden, wie sie von den Mallorquinern selbst benutzt wird. Da aber Straßennamen oder Ortsbezeichnungen immer wieder von "Sprachaktivisten", die die Bezeichnungen in ihrer Sprache geschrieben haben wollen, übermalt und geändert werden, sind Unstimmigkeiten mit den Angaben vor Ort nicht immer zu vermeiden.

In der folgenden Tabelle finden Sie die Übersetzung einiger wichtiger geographischer Begriffe, die auch in diesem Führer benutzt werden.

Mallorquin	**Castellano**	**Deutsch**
Barranc	Barranco	Schlucht
Barrera	Barrera	Gatter
Cami	Camino	Weg
Ca'n	-	Besitz von, bei, beim
Carrer	Calle	Straße
Cas	Casa	Haus
Castell	Castillo	Burg
Coll	Coll	Bergpaß
Cova	Cueva	Höhle
Ermita	Ermita	Einsiedelei
Estret	Estrecho	Engpaß
Finca	Finca	Landgut
Font	Fuente	Quelle
Gorg	Gorg	Wasserstelle
Mirador	Mirador	Aussichtspunkt
Monestir	Monasterio	Kloster
Platja	Playa	Badestrand
Puig	Pico	Gipfel
Pou	Pozo	Brunnen
Serra	Sierra	Gebirgskette
Sitja	Carbonera	Kohlenmeilerstelle
Son	-	Besitz von, bei, beim
Torrent	Torrente	Bachbett, Sturzbach

Köhler, Tancas und Schneehäuser

Wer in der Serra de Tramuntana wandert, wird immer wieder auf drei für Mallorca typische, mehr oder weniger gut erhaltene Bauten stoßen. Es handelt sich dabei um die Ruinen der Behausungen und Arbeitsstätten von Köhlern in den bewaldeten Hängen des Gebirges, Reste von Schneehäusern in den höheren Lagen der Tramuntana und die das Landschaftsbild an vielen Stellen prägenden, kunstvoll gebauten Trockenmauern, den sog. **Tancas**.

Jährlich ab April zog der **Köhler** für fünf bis sechs Monate mit seiner Familie in die Berge, um Holzkohle zu brennen und Rinde zu gewinnen. Ein einträgliches Geschäft, denn Energiequellen waren auf Mallorca rar. So wurde die Holzkohle in fast allen mallorquinischen Haushalten zum Befeuern spezieller Öfen benutzt. Erst mit dem Import von Propangas Anfang der sechziger Jahre ging die Produktion von Holzkohle zurück, bis sie ganz zum Erliegen kam. Inzwischen gibt es auf Mallorca keinen Meiler mehr, der in Betrieb ist.

Zu sehen sind heute noch die kreisrunden Grundmauern der **Sitjas**, der ehemaligen Meiler, in denen die Holzkohle produziert wurde. Auch Reste von Hütten und steinernen Backöfen sind stellenweise noch vorhanden. Die Arbeit war hart. Das Holz mußte geschlagen, zugeschnitten und dann kunstgerecht aufgestapelt werden. Wenn der Meiler brannte, mußte er Tag und Nacht überwacht werden. Deshalb schlief der Köhler auch von seiner Familie getrennt in der sog. **Barraca**, von der aus er den Meiler ständig beobachten konnte.

Verwendet wurden ausschließlich Steineichen. Um die Wälder vor dem Kahlschlag zu bewahren, wurden jedem Köhler nur etwa 2 km^2 Waldgebiet pro Saison zugebilligt. Frühestens nach 12 Jahren durfte in dem Gebiet erneut Holz geschlagen werden.

Jeder Brand lieferte etwa drei Tonnen Kohle, die von Händlern abgeholt und in den Dörfern und Städten verkauft wurden. Die Rinde, die nicht verbrannt werden konnte, wurde an die Gerbereien verkauft. Das Geschäft war hart, brachte den Familien aber reichlich Gewinn, so daß sich mancher Köhler nach einiger Zeit ein eigenes Haus mit Grundstück leisten konnte.

Auch das Geschäft der **Schneesammler** war so einträglich, daß es für den einen oder anderen zu echtem Wohlstand führte. Allerdings war es mit diesem Erwerbszweig schon Anfang der zwanziger Jahre vorbei, als die ersten Kühlschränke auf die Insel kamen. Bis dahin kühlten die reichen Mallorquiner ihre Speisen und Getränke im Sommer mit Eis, das im Winter in den Höhen der Serra de Tramuntana in speziellen **Schneehäusern** hergestellt wurde und dort bis in die heiße Jahreszeit hinein gelagert werden konnte.

Diese Schneehäuser (*Cases de se Neu*) wurden ab etwa 800 m Höhe angelegt. Es waren Höhlen im Fels oder Vertiefungen und Löcher auf den Hochebenen, die man durch Steinmauern noch nach oben erweiterte. Darin wurde im Winter der Schnee gesammelt und festgestampft, so daß er dann langsam zu Eis wurde und sich bis weit in den Sommer hinein hielt.

Weite Landstriche der Serra de Tramuntana sind durch **Trockenmauern**, die sog. **Tancas**, geprägt. Diese ohne Mörtel errichteten Mauern dienen als Grenzen zwischen den Gebieten verschiedener Landbesitzer, als Abgrenzungen für Weidevieh und als Stützmauern für die künstlich angelegten Terrassen.

Die Mauern sind kunstvoll aufgeschichtet und äußerst haltbar. Viele stammen noch aus dem Mittelalter. Nachdem die Kunst des Trockenmauerns in Vergessenheit zu geraten schien, hat man sich inzwischen wieder auf dieses alte Handwerk besonnen und eine Schule, die *Escola de Margers* eröffnet, in der junge Leute in einer zwölfmonatigen Ausbildung Theorie und Praxis der Trockenbauweise erlernen können.

Einige Regeln für Wanderer

Wie bereits weiter oben erwähnt, führen fast alle Wanderungen über Privatland. Manche Besitzer haben, wegen zunehmender Belästigungen, Verschmutzungen und Zerstörungen durch Touristen, das Betreten ihrer Ländereien bereits zeitlich eingeschränkt oder sogar ganz verboten.

Um die Landbesitzer nicht weiter zu verärgern und ihnen einen Vorwand zu liefern, noch mehr Sperrungen zu verfügen, sollten sich alle Wanderer und übrigen Touristen an folgende Regeln halten:

- Während der trockenen Jahreszeit zwischen April und Oktober ist das **Rauchen** in den Wäldern wegen der großen Feuergefahr **verboten**. Dies gilt auch für **offene Feuerstellen** oder **Grillfeuer**.
- Hinterlassen Sie alle **Gatter, Türen und Tore** so, wie sie sie vorgefunden haben. Geöffnete Tore müssen offen bleiben, geschlossene nach dem Passieren unbedingt wieder geschlossen werden.

Mit den Gattern steuern die Züchter den Aufenthalt des Weideviehs, und nur sie wissen, welche Gatter wann geöffnet oder geschlossen sein müssen.

- Lassen Sie keinen **Müll** und keine **Essensreste** zurück.
- Bleiben Sie auf den **markierten Wanderwegen,** und gehen Sie nicht querfeldein. Machen Sie möglichst keine Rast in der Nähe bewohnter Häuser.
- Auch wenn es noch so verlockend ist: **Pflücken** Sie kein **Obst** ohne Genehmigung des Besitzers von den Bäumen.
- Besonders in Gruppen neigt man oft dazu, unnötigen **Lärm** zu machen. Respektieren Sie die Stille der Natur.
- Zum Schluß noch ein Tip, der eigentlich selbstverständlich sein sollte: Seien Sie **freundlich** zu den Einheimischen und **grüßen** Sie sie beim Vorbeigehen. Auch Sie würden sich über den Gruß einer Wandergesellschaft freuen und natürlich sofort die Erlaubnis erteilen, Ihr Grundstück zu überqueren, wenn mit Ihnen höflich umgegangen wird.

Sicherheitsvorkehrungen für Wanderer

Zu Ihrer eigenen Sicherheit sollten Sie sich an folgende Regeln halten:

- Treten Sie Bergtouren oder Wanderungen durch einsames Gelände **niemals allein** an. Wenn Sie mindestens zu dritt wandern, kann bei einem Unfall einer Hilfe holen und der andere beim Verletzten bleiben.
- Holen Sie vor Bergtouren **Wetterinformationen** ein, und verzichten Sie auf die Tour, wenn das Wetter schlechter wird.
- Bergtouren sollten generell nur bei **guter Sicht** unternommen werden. Bei Nebel kann man sehr leicht die Orientierung verlieren.
- Die **Torrents** sind zwar die meiste Zeit des Jahres über ausgetrocknett und leicht zu passieren, werden aber nach Regenfällen oft zu wilden **Sturzbächen**. Dies gilt insbesondere für den Torrent de Pareis (☞ weitere Wandertips von Lluc aus), in dem Sie in solchen Situationen keine Rückzugsmöglichkeit mehr haben.

Reise-Infos
von
A bis Z

Adressen und Telefonnummern

Einige wichtige und nützliche Adressen sowie Telefonnummern, die man immer dabei haben sollte:

- Tourist-Attention, Calle Jaime III. 10, Palma, ☎ 092, Mo bis Fr 9:00 bis 14:30 + 15:00 bis 20:00 (nur im Sommerhalbjahr). Die Tourist-Attention leistet Urlaubern Hilfe, die z.B. bestohlen oder in einen Unfall verwickelt worden sind.
- Allgemeiner Notruf (Polizei, Feuerwehr, Notarzt) ☎ 112.
- Notruf bei Einbruch, Diebstahl usw. ☎ 091.
- Notruf bei Verkehrsunfällen mit Verletzten ☎ 092.
- Feuerwehr ☎ 080.
- Guardia Civil ☎ 062.
- Rotes Kreuz ☎ 202222.

An- und Abreise

Tägliche Direktverbindungen von vielen Flughäfen Deutschlands, Österreichs und der Schweiz nach Palma de Mallorca. Einige Airlines bieten einen regelrechten Shuttle-Service mit Abflügen im 2- oder 3-Stundentakt an.

☺ Wer nicht auf die Ferien angewiesen und in der Lage ist, auch kurzfristig abzureisen, der kann den Hin- und Rückflug schon ab DM 200, manchmal sogar schon für unter DM 150 buchen. In der Ferienzeit liegen die Preise zwischen DM 350 und DM 600.

☺ Viele Airlines bieten eine Online-Buchungsmöglichkeit über das Internet, wo Sie sich aktuell über günstige Lastminute-Preise informieren können, beispielsweise:

LTU — Unter <www.ltu.de> werden u.a. Lastminute-Flüge angeboten. Besonders günstig sind die Standby-Flüge des Palma-Shuttle ab Düsseldorf (mehrere Abflüge täglich). Hier können Sie nicht im voraus buchen. Sie warten auf die nächste Maschine mit freien Plätzen, die Sie mitnimmt. Preise ab DM 99 für die einfache Strecke.

Condor	Günstige Restplätze unter <www.condor.de>
Hapag-Lloyd	Unter <www.hapag-lloyd.de> u.a. günstige Angebote.
AirBerlin	Auch im Winter fliegt die Gesellschaft über 70mal pro Woche von vielen deutschen Flughäfen. <www.airberlin.de>

Der Vollständigkeit halber soll auch erwähnt werden, daß es mehrere Fährverbindungen zwischen dem Festland und der Baleareninsel gibt. Allerdings lohnt die Anreise mit dem eigenen Pkw nur selten, da Flüge billiger und schneller sind.

Auch das Argument, daß man bei der Anreise mit der Fähre einen Pkw auf der Insel zur Verfügung hat, wird dadurch entkräftet, daß Mietwagen auf Mallorca relativ preiswert sind. Für Residenten oder Langzeiturlauber kann allerdings die Fahrt mit dem eigenen Pkw die günstigere Anreisemöglichkeit sein.

Die Fähren der Reederei Transmediterranea fahren von Barcelona, Valencia und Tarragona. Neben den normalen Fähren (Fahrtzeit 8 Stunden) verkehrt von Barcelona aus auch eine Schnellfähre, die nur etwas mehr als 4 Stunden benötigt.

Die normalen Fähren fahren über Nacht, so daß sich die Buchung einer Kabine empfiehlt. Die Preise betragen pro Strecke und Person incl. einfacher Kabine ca. 130 Mark. Für ein kleines Fahrzeug sind etwa 180 Mark zu bezahlen.

Auch von Frankreich aus können Sie Mallorca mit der Fähre erreichen. Vom Hafen der Mittelmeerstadt Sète (etwas südlich von Montpellier) fährt im Sommerhalbjahr ein Schiff in ca. 16 Stunden nach Palma. Allerdings sind die Passagepreise weit höher als bei den Fähren von Spanien aus.

i Im Reisebüro oder direkt bei der Reederei **Trasmediterranea** in Barcelona ☏ 0034/932/959100 oder Palma ☏ 0034/971/702300.

Ausrüstung

Da eine detaillierte Beschreibung der Ausrüstung für die Wanderung durch die Serra de Tramuntana den Rahmen dieses OutdoorHandbuchs sprengen würde, sollen hier nur einige kurze Angaben folgen. Für detaillierte Informationen:

Wildniswandern. Planen - Ausrüsten - Durchführen, von Reinhard Kummer, OutdoorHandbuch (Bd. 7) Basiswissen für Draußen, Conrad Stein Verlag, ISBN 3-89392-108-7, DM 12,80, öS 107, sfr 12,80.

☺ Bei allen Wanderungen sollten Sie feste Wanderstiefel tragen. Teleskopstöcke entlasten die Kniegelenke und erleichtern die Wanderung in der Ebene und vor allem bei längeren Abstiegen. Im Winter und in höheren Regionen sollten Sie immer Regenschutz und wärmere Kleidung dabei haben. Bis auf die Winterzeit ist ein Sonnenschutz unerläßlich.

Da Sie während der Wanderung Ihr gesamtes Gepäck mit sich tragen müssen, ist es wichtig, daß der Rucksack gut sitzt und möglichst leicht ist. Nehmen Sie also nur das Allernotwendigste mit.

Diplomatische Vertretungen in Spanien

(D) **Consulado de la República Federal de Alemania**, Apartado 183, 07080 Palma, ☎ 722997 + ☎ 722371, FAX 9717280.

(A) **Österreichisches Konsulat**, San Miguel 36, 07002 Palma, ☎ 723733, FAX 719277.

(CH) **Consulat de Suisse**, Arabella Sheraton, Carrer de la Vinagrella s/n, 07013 Palma, ☎ 799999, FAX 799997, ✉ <arabella@arabella.es.>

Einreise

Für einen Aufenthalt von weniger als drei Monaten genügt für Bürger der EU und Schweizer ein gültiger Personalausweis oder Reisepaß. Wer länger bleiben will, muß einen Reisepaß und eine Aufenthaltsgenehmigung, die man von der spanischen Botschaft erhält, vorweisen können. Alleinreisenden Minderjährigen wird empfohlen, entweder einen Reisepaß zu benutzen oder neben dem Kinderausweis eine polizeilich beglaubigte Einverständniserklärung der Eltern mitzuführen.

Geld

Bis zur Einführung des Euro ist die spanische Währung die Pesete (Pts). Die Wechselkurse sind eigentlich festgelegt, 100 Pts entsprechen etwa DM 1,18.

Allerdings sieht die Realität oft anders aus. Einige Banken und vor allem auch Wechselstuben (*Cambio*) weisen immer noch unterschiedliche Kurse aus, obwohl sie damit gegen geltendes Recht verstoßen. Verlangt werden darf nur eine Provision, die bei Banken zwischen 3 und 4 Prozent liegt, bei Wechselstuben aber oft mehr als 10 Prozent beträgt.

Zum festen Wechselkurs erhalten Sie Geld auch aus den Geldautomaten, die Sie in vielen Orten finden. Die Gebühren entsprechen denen am Schalter.

i Information

Das **spanische Fremdenverkehrsamt** hat einige Büros in Deutschland, Österreich und der Schweiz, von denen man Informationen über Mallorca erhalten kann.

Ⓓ Spanisches Fremdenverkehrsamt, Myliusstr. 14, 60325 **Frankfurt**,
☏ 069/725033, FAX 725313, ✉ <frankfurt@tourspain.es>

♦ Spanisches Fremdenverkehrsamt, Schuberstr. 10, 80336 **München**,
☏ 089/5307460, FAX 5328680, ✉ <munich@tourspain.es>

♦ Spanisches Fremdenverkehrsamt, Kurfürstendamm 180, 10707 **Berlin**,
☏ 030/8826036, FAX 8826661, ✉ <berlin@tourspain.es>

♦ Spanisches Fremdenverkehrsamt, Grafenberger Allee, 40237 **Düsseldorf**,
☏ 0211/6803980, FAX 6803985, ✉ <dusseldorf@tourspain.es>

Ⓐ Spanisches Fremdenverkehrsamt, Walfischgasse 8, 1010 **Wien 1**,
☏ 01/5129580, FAX 5129581, ✉ <viena@tourspain.es>

(CH) Spanisches Fremdenverkehrsamt, Seefeldstr. 19, 8008 **Zürich**,
☏ 01/2527930, FAX 2526204, ✉ <ginebra@tourspain.es>

☺ Weitere spezielle Informationen erhalten Sie von touristischen Organisationen auf Mallorca:

♦ Tourismusbüro Palma, Plaça Major 3, 07002 Palma, ☏ 712216, FAX 720251. Ein weiteres Informationsbüro im Flughafengebäude.

♦ Asociacion de Agroturismo Balear, Forners 8, 07006 Palma, ☏ 770336, FAX 470971.

♦ Ibatur (Instituto Balear de Turismo), Montenegro 5, 07012 Palma, ☏ 712010, FAX 710600.

☺ Die Adressen der lokalen Touristeninformationsbüros sind im Reiseteil bei den entsprechenden Orten angegeben.

🕮 Karten

▶ Wer Wanderungen abseits der markierten Wege durchführen will, benötigt detailliertes Kartenmaterial. Leider gibt es keine guten Wanderkarten für Mallorca. Man muß sich daher mit den Militärkarten (Cartografia Militar de Espana) im Maßstab 1:50.000 zufrieden geben. Die Karten sind teilweise schon alt und zeigen daher nicht alle Neuerungen und Details.

☹ Auch die im Maßstab 1:25.000 vorliegenden topografischen Karten sind teilweise ungenau. Außerdem sind sie bislang nicht flächendeckend erschienen.

▶ Außerdem erhalten Sie vor Ort spezielle Wanderkarten unterschiedlichster Qualität, die entweder ein größeres Gebiet abdecken oder für eine spezielle Wanderroute angefertigt wurden. Verlassen kann man sich auf diese Karten nicht.

☺ Karten sollten Sie sich schon vor der Abreise in einer speziellen Reisebuchhandlung besorgen, da sie auf Mallorca außerhalb Palmas nur schwer zu bekommen sind.

Einen recht guten Überblick über die Insel liefert die Kompass Wander- Rad- und Freizeitkarte Mallorca im Maßstab 1:75.000, der ein kleines Informationsheft beiliegt.

Kriminalität

Mallorca gilt als relativ sicheres Reiseland, in dem Sie kaum mit Gewaltdelikten rechnen müssen. Allerdings werden Sie wie überall in den Touristenzentren der Welt auch hier nicht nur auf Menschen stoßen, die Ihnen mit lauteren Mitteln Ihr Geld aus der Tasche ziehen wollen, sondern auch auf solche, die es auf unfeine Art und Weise versuchen werden.

Es versteht sich eigentlich von selbst, daß man auch im verschlossenen Fahrzeug oder Hotelzimmer keine Wertsachen liegen lassen und auf Märkten oder am Flughafen auf Taschendiebe achten sollte. Ich gehe deshalb auf einige mehr oder weniger unbekannte Praktiken von Dieben oder Betrügern ein.

▶ Vorsehen sollten Sie sich vor den **Trileros**, den Hütchenspielern. Bei diesem Spiel, bei dem Sie raten müssen, unter welchem von drei Hütchen sich eine Kugel versteckt, werden Sie nach einigen Anfangserfolgen, die Sie auf den Geschmack bringen und zu größeren Einsätzen verleiten sollen, fast immer verlieren. Die Trileros haben sehr geschickte Hände und spielen nie ehrlich.

▶ Besonders in Palma treiben die sog. **Nelkenfrauen** ihr Unwesen. Diese Frauen verschenken Nelken oder andere Blumen. Wenn der Tourist dann für eine kleine Spende seine Geldbörse zückt, kann es leicht passieren, daß die Frauen blitzschnell zugreifen und sie Ihnen entwendet.

▶ Gewarnt werden soll an dieser Stelle auch vor **ambulanten Verkäufern**, die ihre meist minderwertigen Waren zu überhöhten Preisen anbieten.

▶ Seien Sie auch vorsichtig bei sehr preiswert angebotenen Inselfahrten (ab 1.500 Pts), die sich dann meist als **Werbefahrt** mit einer Verkaufsveranstaltung herausstellen, in deren Rahmen die ahnungslosen Reisenden stundenlang von geschickten Verkäufern bedrängt werden. Oft kommt es vor, daß Mitfahrende, die nicht an den Verkaufsveranstaltungen teilnehmen, einfach zurückgelassen werden und dann auf eigene Kosten zur Unterkunft zurück müssen.

⊞ Medizinische Versorgung

▶ Die medizinische Versorgung ist auf Mallorca gut und entspricht mitteleuropäischem Standard. Viele Ärzte haben sich auf die ausländischen Urlauber eingestellt und sprechen Deutsch oder Englisch.

▶ Für Deutsche und Österreicher besteht ein Sozialhilfeabkommen mit Spanien. Vor der Reise sollten sich Kassenpatienten einen Auslandskrankenschein ausstellen lassen. Da aber nicht alle Leistungen von der Krankenkasse bezahlt werden, empfiehlt sich, eine zusätzliche Auslandskrankenversicherung.

▶ Privatpatienten zahlen die Behandlung vor Ort. Im Heimatland müssen die möglichst detaillierten Rechnungen bei der Krankenkasse eingereicht werden, die die Beträge dann erstattet.

Post und Telekommunikation

▶ Gebühren für Postkarten und Briefe bis 20 g innerhalb Spaniens 35 Pts, innerhalb der EU 70 Pts, bei Expressversand innerhalb der EU 300 Pts.

☹ Stellen Sie sich darauf ein, daß Briefe und Postkarten von Mallorca nach Mitteleuropa meist mehr als eine Woche unterwegs sind.

▶ Von Deutschland, Österreich und der Schweiz erreichen Sie einen Teilnehmer auf Mallorca im **Festnetz** unter der Landesvorwahl für Spanien 0034, dann weiter mit der Vorwahl für Mallorca 971. Anschließend wählen Sie die Rufnummer des Teilnehmers.

▶ Von Mallorca aus erreichen Sie einen Teilnehmer in Deutschland mit der Landesvorwahl 0749 (Österreich 0743, Schweiz 0741). Danach müssen Sie die Ortsvorwahl ohne die "0" wählen und anschließend die Rufnummer.

▶ Warten Sie bei der Wahl der Landesvorwahl nach der "07" auf den langgestreckten Wählton, bevor Sie weiterwählen.

☺ Die günstigsten Gespräche führen Sie noch bei der offiziellen Telefongesellschaft Telefónica, die an vielen Plätzen ihre Telefonzellen oder Telefonhäuschen mit mehreren Apparaten stehen hat.

Daneben gibt es private Telefondienste, deren Gebühren aber zur Zeit noch meist höher sind. Deutlich teurer sind auch Gespräche vom Hotel aus.

▶ Die Betreiber der deutschen **Mobilfunknetze** haben mit entsprechenden spanischen Gesellschaften sog. *Roaming*-Verträge abgeschlossen, so daß Sie auf Mallorca Ihr Mobiltelefon benutzen können. Die Netzabdeckung ist gut. Mit Ausnahme einiger abgelegener Täler sind Sie flächendeckend erreichbar.

Transport

Wichtigstes öffentliches Transportmittel ist der Bus. Verbindungen gibt es in nahezu alle Orte der Insel. Das Liniennetz ist mehr oder weniger strahlenförmig vom Zentrum Palma ausgehend organisiert. Die wichtigsten Verbindungen mit den jeweiligen Fahrpreisen für die Region Tramuntana sind:

Verbindung	Frequenz	Fahrpreis
Palma - Alaró	3x tägl.	230 Pts
Palma - Alcúdia - Port Alcúdia	4x tägl.	580 Pts
Palma - Pollença - Port de Pollença	4x tägl.	670 Pts
Palma - Valldemossa - Deyá - Sóller - Port de Sóller	5x tägl.	455 Pts
Palma - Sóller - Port de Sóller (direkt)	4x tägl.	350 Pts
Palma - Inca - Lluc	4x tägl.	555 Pts
Sóller - Lluc - Pollença - Port de Pollença	1x tägl. (Sommer)	400 Pts
Sa Calobra - Lluc - Pollença - Port de Pollença	2x tägl. (Sommer)	400 Pts
Pollença - Cala Sant Vicenç	2x täglich,	115 Pts

☺ Da sich die Fahrpläne ständig ändern, sollten Sie sich vor Ort nach den aktuellen Abfahrtzeiten erkundigen. Beachten Sie auch, daß an Feiertagen und im Winter die Busse weniger häufig fahren und einige Linienverbindungen ganz eingestellt sind. Im Touristeninformationsbüro am Flughafen erhalten Sie einen kostenlosen Fahrplan für sämtliche Linien.

☺ Die Busse halten auch auf freier Strecke, wenn keine Haltestellen vorhanden sind. Sagen Sie dem Fahrer zum Aussteigen rechtzeitig vorher Bescheid.

Wenn Sie auf freier Strecke zusteigen wollen, geben Sie deutliche Handzeichen, damit der Fahrer Sie sieht und anhalten kann.

In allen größeren Orten gibt es **Taxistände**. Für bestimmte Routen gibt es festgelegte Preise, die meist auf Tafeln an den Taxiständen angeschlagen sind (☞ Preisbeispiele bei den Ortsbeschreibungen im Reiseteil). Ansonsten wird die Fahrt nach Taxameter abgerechnet. Üblich sind Zuschläge z.B. für Nachtfahrten. Insgesamt liegen die Tarife etwas unter den unsrigen.

Das Angebot an **Mietwagen** ist auf Mallorca riesig. Praktisch an jedem Ort haben Sie die Wahl zwischen mehreren Verleihern. Die Preise für die verschiedenen Modelkategorien sind mit anderen Urlaubsländern oder den heimischen Preisen verglichen sehr niedrig.

Prüfen Sie vorher die Bedingungen, denn nicht immer ist das billigste Angebot auch das günstigste. Auf folgende Dinge sollten Sie achten:

Gewarnt werden muß vor den vielen Schwarzmarktanbietern, die vor allem im Parkhaus von Palma ihr Unwesen treiben. Die Wagen, meist mit deutschem Kennzeichen, unterliegen keiner Kontrolle und sind meist nicht ausreichend versichert.

Unbegrenzte Kilometerzahl, Vollkaskoversicherung, Versicherung aller am Auto befindlicher Teile (auch der Reifen), Diebstahlversicherung, Reiseinsassenversicherung, Zustand des Fahrzeugs.

Viele Anbieter verlangen bei der Übergabe, daß eine Tankfüllung bezahlt wird. In diesen Fällen kann das Auto dann völlig leer zurückgegeben werden, was praktisch kaum machbar ist. Eine Erstattung für das noch im Tank befindliche Benzin gibt es nicht.

Auf Mallorca gibt es zwei Eisenbahnverbindungen: Von Palma nach Sóller und weiter mit der Straßenbahn nach Port de Sóller (☞ Beschreibung bei Sóller im Reiseteil) und von Palma nach Inca. Die Verbindung nach Sóller gilt als Touristenattraktion.

Trinkgeld

Kellner erwarten etwa 10% Trinkgeld. Wer im Hotel untergebracht ist, sollte dem Zimmermädchen das Trinkgeld (ca. 500 Pts pro Woche) gleich zu Beginn des Aufenthaltes zukommen lassen. Der Service ist dann meist deutlich besser.

Trinkwasser

▶ Leitungswasser ist auf Mallorca sehr knapp. Deshalb sollte man äußerst sparsam damit umgehen. In manchen Orten müssen Sie damit rechnen, daß die Wasserversorgung in der Hochsaison zusammenbricht.

▶ In den meisten Orten eignet sich das Leitungswasser nicht zum Trinken. Viele raten sogar davon ab, es zum Zähneputzen zu benutzen. Decken Sie sich mit Mineralwasser aus den Supermärkten ein. Viele Mallorquiner fahren auch zu den zahlreichen Quellen in der Serra de Tramuntana und füllen sich dort ihr eigenes Mineralwasser ab.

Unterkunft

☺ Bedenken Sie bei der Planung Ihrer Reise, daß in den Hauptreisezeiten (Sommer- und Herbstferien) die meisten Quartiere ausgebucht und im Winter von November bis März viele Hotels geschlossen sind. Eine frühzeitige Buchung ist vor allem im Sommer und Herbst ratsam.

▶ In der Serra de Tramuntana gibt es eine Vielzahl von Hotels, Hostals und Pensionen aller Kategorien von sehr einfach bis luxuriös. Da die meisten Tramuntana-Orte von dem großen Massenandrang übernachtender Pauschaltouristen verschont geblieben sind, sind glücklicherweise die großen, gesichtslosen Bettenburgen, wie sie in manchen Badeorten gebaut wurden, in der Region sehr selten. Selbst im beliebten Badeort Port de Pollença und in Port de Sóller sind die Hotelbauten eher bescheiden. Kleinere Strandhotels machen hier den Charme der Strandpromenaden aus.

▶ Die meisten der luxuriösesten Hotels Mallorcas liegen abseits vom Strand im Inneren der Tramuntana, oft eingebettet in einen großen, parkähnlichen Garten. Zu ihnen gehören u.a. in Deyá das **La Residencia** und das **Es Moli** und in Valldemossa das **Vistamar**. Hingewiesen werden soll auch noch auf das Nobelhotel **Formentor** auf der gleichnamigen Halbinsel (☞ Reiseteil).

Aber keine Angst: Wer nicht bereit ist, 500 Mark oder mehr für eine Übernachtung zu zahlen, der findet auch gute Unterkünfte weit unterhalb dieser Preisklasse. In den einfachen Hotels, oft als Hostels bezeichnet, sowie in den Pensionen können Sie schon ab 20 Mark incl. Frühstück übernachten.

▶ Etwas Besonderes sind die **Hoteles Rurales** (Landhotels) und **Casas de Agroturismo** (Häuser für Agrotourismus). Beide Unterkunftsarten sind mehr oder weniger geschützte Begriffe, wobei es sich bei den Landhotels meist um historische Hotels mit rustikalem Ambiente handelt. Die Häuser für Agrotourismus sind meist Landgüter oder Bauernhöfe, in denen Zimmer oder Apartments vermietet werden. Viele der Unterkünfte sind auf Höfen, die noch aktiv Landwirtschaft betreiben. Besonderer Wert wird auf den Schutz der Natur gelegt.

▶ Eine beliebte Unterkunftsart bieten die **Fincas**: zu Ferienhäusern umgebaute Bauernhöfe oder Landsitze für Selbstversorger. Sie gibt es in allen Größen (von 2 bis 20 Personen und mehr) und allen Preisklassen (von 500 bis 5.000 DM pro Woche). Allerdings werden sie meist nur wochenweise vermietet.

▶ Eine preiswerte Unterkunft für Wanderer bieten die **Klöster** in Lluc und Pollença, wobei das zweite inzwischen säkularisiert ist (☞ Reiseteil).

Die einzige bewirtschaftete **Berghütte** liegt in den Tossals Verds. Sie ist Etappenziel während der Wanderung (☞ Reiseteil).

Es gibt nur zwei Campingplätze, die beide an der Bucht von Alcúdia liegen. Wildes Zelten ist generell verboten. An einigen extra ausgewiesenen Plätzen, wie z.B. beim Picknickplatz am Kloster Lluc, ist die Übernachtung im Zelt erlaubt. Hier sind meist einfachste sanitäre Einrichtungen vorhanden.

☞ Im Reiseteil werden für die jeweiligen Etappenziele ausgewählte Unterkünfte exemplarisch vorgestellt. Nach Möglichkeit wurde versucht, das ganze Spektrum verschiedener Kategorien und Arten abzudecken, damit für jeden Geldbeutel und Geschmack etwas vorhanden ist. Natürlich kann es sich bei der Vielzahl von Möglichkeiten nur um eine Auswahl handeln, die mehr oder weniger subjektiv ist.

Verkehrsregeln

Abweichend von deutschen Verkehrsregeln gilt auf Landstraßen eine Höchstgeschwindigkeit von 90 km/h und auf Autobahnen von 120 km/h. Die Promillegrenze liegt bei 0,2. Sicherheitsgurte müssen stets angelegt werden.

Beim Parken sollten Sie beachten, daß die gelben Linien am Straßenrand bedeuten, daß hier nicht geparkt werden darf. Das Abschleppen verkehrswidrig abgestellter Fahrzeuge auf Anordnung der Polizei ist auf Mallorca üblich.

Wochenmärkte

Wochenmärkte gehören auf Mallorca, wie im übrigen Spanien auch, für viele noch zum gesellschaftlichen Leben dazu. Hier trifft man sich, tauscht die letzten Neuigkeiten aus und erledigt nebenbei seine Einkäufe.

Angeboten werden meist Produkte aus der Region, aber auch Haushaltswaren und unzählige Dinge des täglichen Bedarfs.

Ein Besuch der bunten Märkte mit ihrem manchmal hektischen Treiben lohnt auch dann, wenn man nichts zu besorgen hat,

In der folgenden Liste sind die jeweiligen Märkte für Orte in der Serra de Tramuntana oder an deren Peripherie angegeben:

Ort	Tag	Zeit
Alaró	Freitag	nachmittags
Alcúdia	Dienstag	vormittags
	Sonntag	vormittags
Andratx	Mittwoch	vormittags
Inca	Donnerstag	ganztägig
Pollença	Sonntag	vormittags
Port de Pollença	Mittwoch	vormittags
Sóller	täglich außer So	vormittags
Valldemossa	Sonntag	vormittags

Zoll

☺ Seit der Einführung des Binnenmarktes 1993 gibt es für den Privatreisenden innerhalb der europäischen Gemeinschaft keine Zollgrenzen mehr. Waren zum eigenen Verbrauch dürfen unbegrenzt mitgeführt werden.

▶ Für Schweizer und Bürger aus anderen Nicht-EU-Ländern gelten weiterhin als Höchstmengen: wahlweise 200 Zigaretten, 100 Zigarillos, 50 Zigarren oder 250 g Tabak und 1 l Spirituosen.

Valldemossa

⇧ 410 m 🛏 ✕ BANK ☎ 07170

An der Kasse der Kartause, Cartuja de Valldemossa, 07170 Valldemossa, ☎ 610202, FAX 866746.

Busse fünfmal täglich Richtung Palma und Sóller.

Vistamar ****, ☎ 612300, FAX 612583, ab 12.500 Pts, ganzjährig. Das bekannte Luxushotel, ein ehemaliges Landgut, liegt in einem großen Privatgrundstück oberhalb des Hafens von Valldemossa mit schönem Blick auf Hafen und Meer. Das kleine Hotel verfügt über 20 stilvoll eingerichtete Doppelzimmer. Sie erreichen es über die nach Andraitx führende Straße etwa 2 km hinter dem Ortsausgang.

♦ Son Brondo, ☎ 612258, FAX 616190, ab 12.500 Pts, ganzjährig. Das Landhotel, ein Herrensitz aus dem 16. Jh., liegt in einem Naturschutzgebiet etwa 3 km südlich von Valldemossa an der nach Palma führenden Straße in einem 140 ha großen, parkähnlichen Gelände mit eigener Quelle. Die Räume sind mit Stilmöbeln und alten Gemälden ausgerüstet.

♦ Hostal C'an Mario * (Pension), Carrer Vetam 8, ☎ 612122, ab ca. 3.500 Pts pro Person, ganzjährig. Die Pension ist eine einfache und preiswerte Unterkunft mit 16 Betten, die in einem Dorfhaus in unmittelbarer Nachbarschaft der Kartause liegt. Besonders empfehlenswert ist das zugehörige Restaurant, wo man sehr gute, typisch mallorquinische Speisen erhält.

☺ Am 28. Juli findet jedes Jahr zu Ehren der Inselheiligen Santa Catalina Thomás eine Prozession statt.

Der Ort ist Ausgangspunkt der Wanderung durch die Serra de Tramuntana und gehört heute zu den bekanntesten Sehenswürdigkeiten Mallorcas (📷 S.66). Berühmt geworden ist er vor allem durch den Pianisten und Komponisten **Frédéric Chopin** und die Schriftstellerin **George Sand**, die in der Kartause gemeinsam den Winter 1838/39 verbrachten. Chopin komponierte hier u.a. die berühmte "Regentropfen-Prélude" (📷 S. 67).

Die Liebelei zwischen der in Männerkleidung umherlaufenden und auch in der Öffentlichkeit rauchenden Schriftstellerin und dem kranken Chopin rief in der damaligen puritanischen Gesellschaft mit ihren strengen Regeln einen Skandal hervor.

Die Bewohner behandelten das Paar nicht gerade freundlich und zuvorkommend. Teilweise schlug ihnen offene Feindseligkeit entgegen. Darüber hinaus war das feuchte, kalte Wetter, das in jenem Winter herrschte, für die Genesung des lungenkranken Chopin nicht gerade förderlich, im Gegenteil, sein Zustand verschlechterte sich sogar noch.

George Sand, die mit bürgerlichem Namen Aurore Dupin hieß, war von dem Aufenthalt dermaßen enttäuscht, daß sie in ihrem Buch "Ein Winter auf Mallorca" kaum ein gutes Haar an der Insel und seinen Bewohnern ließ. Weite Teile des Buches lesen sich wie eine bittere Abrechnung mit den Mallorquinern. Es zeugt von sehr viel Selbstbewußtsein der heutigen Einwohner, daß sie trotz des teilweise vernichtenden Urteils über ihre Insel das Buch an allen Ecken zum Kauf anbieten. Oder treibt sie nur ihr gesunder Geschäftssinn?

Hauptattraktion in Valldemossa ist das ehemalige **Kartäuserkloster**, in dem George Sand und Frédéric Chopin nebeneinanderliegende Wohnungen, ehemalige Mönchszellen, bezogen. Erst wenige Jahre vor ihrem Aufenthalt wurde das Kloster säkularisiert und die Mönchszellen konnten als Privatwohnungen genutzt werden.

Bewohnt haben sollen die beiden die Zellen 2 und 4. Verläßliche Dokumente, die dies belegen, existieren heute aber nicht mehr. Auch vom damaligen Mobiliar und Hausrat dürfte nicht viel in die jetzige Zeit gerettet worden sein. Die Angst der Einheimischen vor einer Ansteckung durch die Lungenkrankheit des Musikers war so groß, daß sie nach seiner Abreise wohl mehr oder weniger alle Gerätschaften und Möbel vernichtet haben, die mit Chopin in Berührung gekommen sind.

Neben den Zellen der beiden berühmten Personen, in denen eine Reihe von Ausstellungsstücken an ihre ehemaligen Bewohner erinnern sollen, lohnt sich in dem ehemaligen Kloster noch ein Besuch der historischen **Klosterapotheke** und des **Museo Municipal**.

⌘ Kartause, Plaça Cartoixa 11, ☏ 612181, täglich (außer So) 9:30 bis 13:30 + 15:00 bis 18:00, Eintritt 1.000 Pts.

Im Juli und August wird in der Kartause an Sonntagen spät abends das **Chopin Festival** veranstaltet. Hier wird nicht nur Musik von Chopin, sondern auch die anderer Romantiker gespielt. Von Zeit zu Zeit werden auch Jazzkonzerte gegeben.

𝄞 Association Festivals Chopin de Valldemossa, ☏ 715636, FAX 612181, Juli/August.

Aber auch ohne die Kartause ist Valldemossa einen Besuch wert. Enge, mit Kopfsteinen gepflasterte, blumengeschmückte Gassen und sehenswerte Häuser machen den Ort zu einem der schönsten der Insel. Unterhalb der Kartause befindet sich das historische Zentrum, das von der 1245 gegründeten Pfarrkirche **San Bartolomé** dominiert wird. Der mehrfach ergänzte Bau stammt aus dem 15. Jahrhundert.

Valldemossa ist Geburtsstadt der Inselheiligen **Catalina de Tomás**. Zahllose buntbemalte Keramikkacheln an den Wänden vieler Häuser erinnern an Stationen ihres Lebens. Ihr Elternhaus in der sehenswerten Calle de la Rectoria ist heute eine Gedenkstätte.

☺ Der Ort ist zum einen bekannt für seine ausgezeichnete heiße Schokolade, die mit einem Sahnehäubchen in den Cafés rund um die Kartause serviert wird.

Darüber hinaus kann man im kleinen Hafen **Port de Valldemossa**, der eher unattraktiv ist, in einem der dortigen Restaurants ausgezeichnete Fischspeisen genießen.

Wandertips in der Umgebung

Rundwanderung zum Berg Teix

⌛ 4½ Std.

⇧ ca. 650 m

⇔ ca. 16 km

▶ Teilweise steile Passagen auf steinigen Pfaden und Wegen. Der Gipfelaufstieg ist anstrengend und stellenweise muß man beim Klettern die Hände zu Hilfe nehmen. Trittsicherheit, Schwindelfreiheit und eine gewisse Orientierungsfähigkeit sind erforderlich. Da der Weg längere Zeit entlang einer Steilkante verläuft, sollte die Tour nur bei guter Sicht durchgeführt werden. Bei starkem Wind oder Nässe sollte man der Steilkante möglichst fernbleiben.

✖ Steinpyramiden, teilweise rote Farbmarkierungen

Diese Rundwanderung führt auf einem ehemaligen Reitweg des Erzherzogs Ludwig Salvator auf den 1.064 m hohen Berg Teix, von dem man einen wunderbaren Ausblick über die ganze Insel hat. Bestiegen wird der höchste der drei Gipfel des Berges.

Der erste Teil der Rundwanderung verläuft wie bei der im nächsten Abschnitt angegebenen Route von Valldemossa nach Deyá und wird daher hier nicht nochmals beschrieben.

An der Stelle, wo der Pfad zum Abstieg nach Deyá nach links vom Reitweg abzweigt, gehen Sie weiter den Reitweg entlang in Richtung des 944 m hohen **Puig Caragoli**, den Sie in etwa 15 Minuten erreichen. Voraus sind die drei spitzen Gipfel des Teix zu sehen, von denen der mittlere der höchste ist. Der Puig Caragoli liegt direkt am Reitweg und kann in wenigen Minuten bestiegen werden. Auch von seinem Gipfel bietet sich ein wunderbarer Ausblick.

Vom Caragoli aus geht es weiter hinunter in eine Senke. An einer kleinen Baumgruppe verzweigt sich der Weg. Hier gehen Sie nach links. Steinpyramiden weisen Ihnen die Richtung. Der Weg führt nun in eine weitere Senke hinein, wo Sie an einer nicht zu übersehenden Steinpyramide auf den nach links vom Reitweg abzweigenden Pfad stoßen, der hinauf auf den Gipfel führt. Ein Holzschild weist zusätzlich den Weg. Rechts geht es wieder hinab nach Valldemossa. An diese Abzweigung werden Sie nach der Gipfelbesteigung wieder zurückkehren und dann den Rückweg Richtung Valldemossa antreten.

Nach kurzer Zeit wird es sehr steil und Sie müssen beim Überwinden einer Felsstufe ein wenig die Hände zu Hilfe nehmen. Dahinter gabelt sich der Weg mehrfach, führt aber immer wieder zusammen. Es geht weiter aufwärts durch eine karstige Felslandschaft und schon bald erreichen Sie eine hohe Trockenmauer, die auf der linken Seite überklettert werden kann. Sie steht auf der Grenze zwischen der Finca son Moragues und der Finca son Teix.

Voraus ist schon die trigonometrische Säule auf dem Hauptgipfel zu erkennen. Bis zum Fuß des Berges geht es nun noch durch eine Hochebene, die sog. Schlangenebene (*Pla de sa Serp*). Obwohl Sie beim Gipfelanstieg zeitweise die Hände zu Hilfe nehmen müssen, ist er doch einfacher, als es von unten zunächst den Anschein hat. Trittsicherheit ist allerdings erforderlich.

Vom Gipfel aus haben Sie einen unvergleichlichen Panoramablick auf weite Teile der Insel. Besonders faszinierend ist der Blick auf die höchsten Gipfel der Insel wie l'Ofre, Puig Major und Massanella im Nordosten, die Serra de Alfabia im Osten oder der Galatzó im Südwesten.

Der Abstieg erfolgt auf der gleichen Route, bis Sie an der Steinpyramide wieder auf den Reitweg treffen. Hier gehen Sie nun nach links und folgen dem Tal abwärts. Der Weg führt durch einen mehr oder weniger lichten Steineichen-Kiefernwald. Nach einer knappen halben Stunde erreichen Sie die Reste eines Schneehauses, das heute nur noch ein gemauertes Erdloch ist. Gleich dahinter treffen Sie auf eine Schutzhütte der staatlichen Forstgesellschaft ICONA.

Ab hier wird der Weg auch für geländegängige Fahrzeuge befahrbar. Sie folgen dem Weg weiter abwärts und ignorieren alle Abzweigungen. Sie kommen an einen kleinen Picknickplatz mit einer Quelle, die allerdings kein genießbares Wasser spendet. Wenige Minuten später passieren Sie mehrere Kohlenmeilerplätze und Kalköfen. Holzschilder weisen auf diese Stätte hin, die einem Freilichtmuseum gleicht.

Der Forstweg verläuft nun an der rechten Seite des Tals und etwa 30 Minuten später haben Sie den Ortsrand von Valldemossa erreicht, wo die Rundtour endet.

☺ Wer eine längere Tour plant und über entsprechende Kondition verfügt, kann vom Gipfel des Teix noch einen "Abstecher" zum **Coll de Sóller** machen. Der Pass liegt an der alten Verbindungsstraße zwischen Palma und Sóller und wird seit Eröffnung des Straßentunnels nur noch von Touristen befahren. Am Pass finden Sie einfache Restaurants. Der gesamte Abstecher hin und zurück dauert gut drei Stunden. Der Höhenunterschied beträgt etwa 550 m.

Auf den Aussichtsgipfel Veiá

Eine weitere Rundtour oberhalb Valldemossas können Sie unternehmen, wenn Sie an der Quelle **Font d'es Pouet** (☞ Beschreibung des ersten Teils der Wanderung von Valldemossa nach Deyá im 1. Kapitel) nicht nach rechts gehen, sondern weiter geradeaus.

Der Weg führt Sie dann über den schönen Aussichtspunkt **Mirador de ses Puntes**, den 855 m hohen **Pouet** und den 867 m hohen **Veià** zum **Coll de son Gallard**, von wo aus Sie wieder zur Font d'es Pouet gelangen. Besonders vom Gipfel des Veià, auf dem Erzherzog Ludwig Salvator eine Schutzhütte errichten ließ, von der heute nur noch die Mauern erhalten sind, haben Sie einen herausragenden Ausblick.

Für die Rundtour müssen Sie knapp 3 Stunden reine Gehzeit veranschlagen mit einem An- und Abstieg von etwa 450 m.

Zum Felsen sa Foradada

Eine schöne Wanderung verläuft auch entlang der Küste von **Port de Valldemossa** bis zum **Felsen sa Foradada**. Die Tour beginnt an der zum Hafen führenden Straße PMV 1131, rechts an einer Einfahrt etwa 25 m vor dem Kilometerstein 4. Sie passieren die **Finca sa Font Figuera** und kommen an dem ehem. Weingut **s'Estaca** vorbei. Die Villa gehörte einst dem Erzherzog, heute dem Filmstar Michael Douglas. Kurz vor der Foradada-Halbinsel zweigt nach rechts ein Pfad ab, der zum Herrenhaus **son Marroig** und damit zur C 710 führt (☞ Wandertips 1. Abschnitt). Hin- und Rückweg dauern etwa 3 Std. Die Höhenunterschiede sind gering. Allerdings geht es z.T. weglos über Felsen und Geröllhalden. Der ursprüngliche Weg ist durch Bergrutsche teilweise verschüttet. Trittsicherheit ist Voraussetzung. Stellenweise besteht, insbesondere bei Nässe, Rutschgefahr.

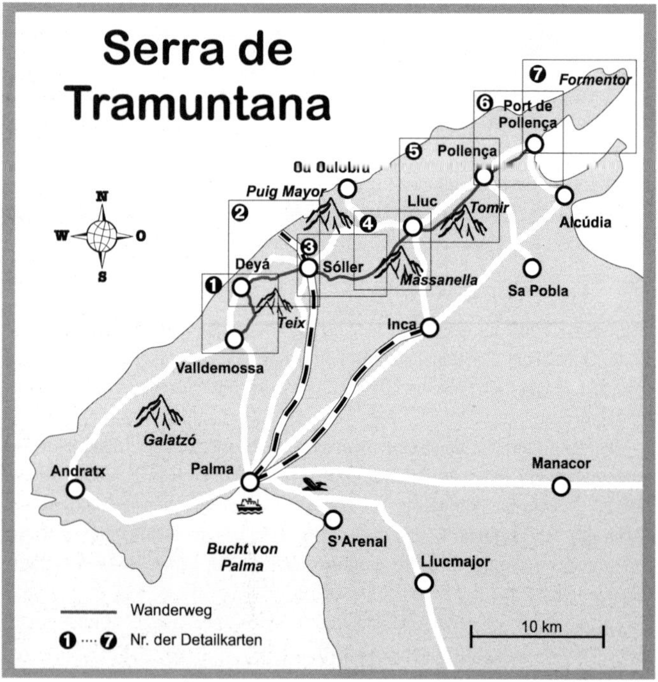

1. Valldemossa - Deyá

⌛ 3½ Std.
⇧ Aufstieg ca. 500 m, Abstieg ca. 750 m
⇔ ca. 14 km
▶ Teilweise steile Passagen auf steinigen Pfaden und Wegen. Trittsicherheit, Schwindelfreiheit und eine gewisse Orientierungsfähigkeit sind erforderlich. Da der Weg längere Zeit entlang einer Steilkante verläuft und der Abstieg durch diese erfolgt, sollte die Tour nur bei guter Sicht durchgeführt werden. Besonders der Abstieg nach Deyá erfordert unbedingt klare Sichtverhältnisse. Bei starkem Wind oder Nässe sollte man der Steilkante möglichst fernbleiben.
✖ Steinpyramiden, teilweise rote Farbmarkierungen

1

Die erste Etappe der Wanderung gehört wohl mit zu den schönsten Touren überhaupt, die man auf Mallorca unternehmen kann. Sie verläuft z.T. im Naturpark son Moragues, der zu den riesigen Besitztümern des österreichischen Erzherzogs Ludwig Salvator (1847 - 1915) gehörte, der Mallorca zu seiner Wahlheimat gemacht hatte. Da der Erzherzog die Natur liebte, er aber wegen seiner Leibesfülle kaum in der Lage war, die steilen Anstiege zu bewältigen, ließ er sich eine Vielzahl von Reitwegen bauen, die zu den schönsten Aussichtspunkten seines Besitzes führten. So konnte er ohne viel Anstrengung auf dem Rücken von Pferd oder Muli seine Ausflüge unternehmen (📷 S. 70). Die erste Etappe führt in längeren Abschnitten über solche Reitwege, die z.T. erst in der jüngsten Zeit renoviert wurden.

Sie starten an der nicht zu verfehlenden, zentralen Bushaltestelle von Valldemossa. Von dort gehen Sie zunächst entlang der Hauptstraße vorbei an Geschäften und Cafés Richtung Palma. Rechts von Ihnen, nur wenige Gehminuten entfernt, liegt die Kartause. Nach etwa 100 m gelangen Sie an einen links liegenden Parkplatz und kurz darauf an einen zweiten. Gleich daneben liegt ein Spielplatz, und dahinter biegen Sie links in die Straße Carrer de na Mas ein.

Verlassen Sie die Straße sofort wieder in die nächste, rechts abzweigende, die Sie direkt auf das Herrenhaus **son Gual** zuführt. Vor dem Herrenhaus gehen Sie links weiter in die Carrer del Pins und biegen die nächste Straße (Carrer Ullastres) wieder rechts aufwärts ab. Kurz darauf gelangen Sie an eine T-förmige Gabelung,

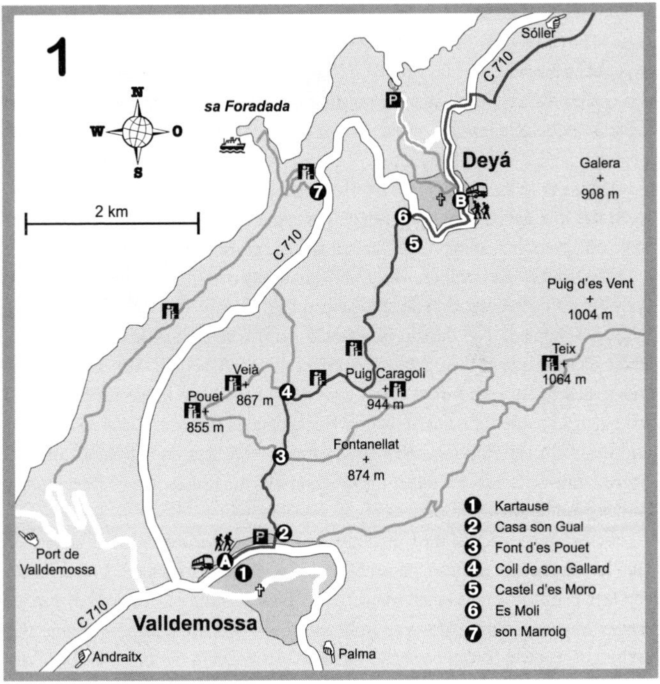

1

wo Sie links gehen. Nun müssen Sie sich zweimal kurz hintereinander rechts halten. Sie befinden sich in der Carrer de les Oliveres, einer Sackgasse, an deren Ende rechts das Landhaus C'an Massana liegt. Gegenüber, durch eine Eisenkette für Fahrzeuge unpassierbar gemacht, beginnt der eigentliche Wanderweg.

Gehen Sie die Schotterpiste hoch, bis Sie nach etwa zwei Minuten an ein Metalltor gelangen, das den weiteren Weg versperrt. Hier zweigt links ein schmaler, felsiger Pfad ab, der entlang eines Zaunes aufwärts führt. Über eine Holzstiege passieren Sie ein Eisengatter und sind kurz darauf an der etwas links vom eigentlichen Pfad liegenden Quelle **Font de s'Abeurada**.

Eine Rast lohnt hier nicht, denn die Quelle ist unspektakulär und wegen des dichten Steineichenwaldes hat man auch keinen Ausblick.

Der mit Steinen übersäte Pfad macht an dieser Stelle einen scharfen Rechtsknick. Durch dichten Steineichenwald, der später mit Aleppokiefern durchsetzt ist, geht es teilweise steil bergauf. Von Zeit zu Zeit weisen rote Farbmarkierungen den weiteren Weg. Sie passieren eine alte Köhlerstelle und erreichen eine knappe halbe Stunde nach der Quelle eine Trockenmauer. Durch einen Mauerdurchbruch gelangen Sie auf die andere Seite.

Hinter der Mauer breitet sich die Hochebene **Pla d'es Pouet** (Ebene des Brunnens) aus. Sie gehen geradeaus weiter, passieren eine alte, ausgedehnte Köhlerstelle und erreichen knapp fünf Minuten später den Brunnen **Font d'es Pouet**.

Hier zweigen nun mehrere Wege ab. Geradeaus weiter geht es über den Mirador de ses Puntes zum Coll de son Gallard (☞ Beschreibung der Rundwanderung im 1. Kapitel). Der direkte Weg zu diesem Paß verläuft rechts vom Brunnen. Unter dichten Steineichen geht es zunächst nur sanft bergan. Von Zeit zu Zeit finden sich bunte Farbmarkierungen. Diverse aufgelassene Köhlerstellen zeugen von einer regen Betriebsamkeit auf der Hochebene in früheren Zeiten. Auffallend sind die dicht mit Flechten behangenen Steineichen, was darauf hindeutet, daß die Luft einerseits sehr feucht ist und andererseits auch sauber, weil Flechten nur in reiner Luft gedeihen.

Für ein kurzes Stück wird der Anstieg wieder etwas steiler. Aber schon 15 Minuten hinter dem Brunnen haben Sie den **Coll de son Gallard** (762 m) erreicht. Von hier hat man bereits einen wunderbaren Blick Richtung Deyá. Die im spitzen Winkel errichtete Sitzbank wurde wohl vor über 100 Jahren auf Anweisung von Erzherzog Ludwig Salvator gebaut. Der Paß war ehemals ein beliebter Platz der Einwohner, um Vögel zu fangen.

Der von links kommende Weg führt über den Mirador de ses Puntes (☞ Wandertip im Kapitel Valldemossa). Hinter der Barriere aus Gestrüpp geht es abwärts auf einem Pfad zur C 710.

Sie folgen dem Weg rechts aufwärts. Der dichte Wald wird nun lichter und mehr und mehr öffnet sich der Blick. Zurück können Sie auf einer Bergspitze eine Ruine erkennen, eine ehemalige Schutzhütte, die der Erzherzog anlegen ließ. Im Südwesten liegt der über 1.000 m hohe, kegelförmige Galatzó und weiter südlich breitet sich die Ebene von Palma aus.

Etwa 10 Minuten hinter dem Paß trifft der Weg auf eine Steinmauer, die gequert werden muß. Dahinter verliert sich der Pfad. Rote Pfeile auf Steinen weisen aber die Richtung, und schon nach knapp zwei Minuten treffen Sie auf den gut ausgebauten Reitweg **Cami de s'Arxiduc** des Erzherzogs, der im 19. Jahrhundert angelegt wurde. Der aufgeschüttete, befestigte Weg verläuft am Abhang des Höhenzuges Es Caragoli knapp 1.000 m über dem Meeresspiegel. Ein Teil des Geländes gehört heute dem Staat und wird von der Naturschutzbehörde ICONA verwaltet und gepflegt.

Nun sind es nur noch wenige Minuten, bis Sie oberhalb der Steilkante stehen. Sie haben die Hochebene erreicht. Wer nicht schwindelfrei ist, sollte der Steilkante nicht zu nahe kommen. Auch bei starkem Wind oder Nässe ist Vorsicht geboten. Ein Fehltritt kann im wahrsten Sinne des Wortes der letzte sein.

Hier beginnt nun eine der schönsten und aussichtsreichsten Wanderungen ganz Mallorcas. Das Panorama ist phantastisch und lohnt den schweißtreibenden Anstieg. Weit unter Ihnen ragt der markante Felsen **sa Foradada** ins tiefblaue Meer. Sa Foradada bedeutet "der Durchlöcherte". Bei seinem Anblick wird einem sofort klar, warum er so genannt wurde.

Bald kann man voraus die ersten Häuser des Zielortes sehen und vor allem die höchsten mallorquinischen Berge. Der **Puig Major** (1.445 m), der höchste Berg der Insel, ist leicht an seinen Radarantennen zu erkennen. Etwas rechts davon liegt der **Massanella**, der mit 1.352 m der zweithöchste Berg ist. Er wirkt aus dieser Richtung wie ein großes Hausdach. Im Gegensatz zum Puig Major, dessen Gipfelbereich militärisches Sperrgebiet ist, kann man den Massanella besteigen (☞ Beschreibung der Wanderung im 4. Kapitel). Relativ nah in östlicher Richtung liegt der ebenfalls über 1.000 m hohe **Teix**, der an seinen drei Gipfeln zu erkennen ist. Noch davor, direkt am Reitweg, erhebt sich der **Puig Caragoli** (944 m).

Der breite Weg führt nun mehr oder weniger nah an der Steilkante entlang. Das Gelände ist baumlos und garantiert eine weite Rundumsicht. Eine knappe halbe Stunde nachdem Sie die Hochebene erreicht haben, zweigt zwischen zwei großen, etwa 1 m hohen Steinpyramiden nach links der Pfad Richtung Deyá ab.

☺ Nicht weit entfernt liegt voraus der **Puig Caragoli** direkt am Reitweg. Es lohnt sich, noch einen kleinen Abstecher auf seinen Gipfel zu unternehmen, weil man auch von dort einen ausgezeichneten Panoramablick hat. Für den Weg hin und zurück benötigen Sie etwa 30 Minuten.

Der Pfad hinab nach Deyá, das noch etwa zwei Stunden entfernt ist, ist auf dem felsigen Untergrund zunächst kaum zu sehen, aber durch eine ganze Reihe von Steinmännchen markiert. Er führt auf mehrere Gruppen von Steineichen zu. An der ersten, links stehenden Baumgruppe wendet sich der Pfad Richtung Steilkante. Hier, etwa 10 Minuten nach der Abzweigung vom Reitweg, beginnt der eigentliche Abstieg durch die Steilwand, der - gute Sicht vorausgesetzt - nicht schwierig ist.

Wagen Sie sich an den Abstieg nach Deyá nur bei klarer Sicht. Während bei guter Sicht der weitere Weg keine größeren Schwierigkeiten oder Gefahren bietet, kann man sich bei schlechter Sicht leicht verlaufen und schlimmstenfalls abstürzen. Gehen Sie bei Nebel oder Wolken lieber wieder auf dem gleichen Weg zurück oder auf dem Reitweg weiter, der Sie auch nach Valldemossa bringt.

Der jetzt gut zu erkennende Saumpfad windet sich in Serpentinen steil bergab und führt stellenweise eng an hoch aufragenden Felsen entlang. Immer wieder locken schöne Rastplätze mit einem herrlichen Panorama zu einer kurzen Fotopause oder längeren Rast.

Der Steineichenwald wird wieder dichter, und nacheinander passieren Sie mehrere Köhlerplätze. An einer größeren Köhlerstelle findet sich noch ein gut erhaltener Backofen aus Stein. Hier gabelt sich der nun schon breitere Weg. Links geht es ab zur Finca son Rulan. Der Weg nach Deyá führt rechts über den Köhlerplatz hinweg am Backofen vorbei. Interessant ist an diesem Platz noch ein rechts des Weges liegendes großes Wasserbecken, das in den nackten Fels gehauen wurde und wie eine Badewanne aussieht.

Sie bleiben nun auf dem breiten Weg abwärts und ignorieren die von Zeit zu Zeit abzweigenden Nebenwege. Obwohl man sich kaum verlaufen kann, weisen zusätzlich an den meisten Abzweigungen noch Steinpyramiden den richtigen Weg. Der Steineichenwald wird nun lockerer, mehr und mehr machen sich Kiefern breit und bald stoßen Sie auf verwilderte, terrassenförmig angelegte Olivenpflanzungen. Voraus haben Sie einen herrlichen Blick auf Deyá und beim Blick zurück auf die Steilwand hinter Ihnen werden Sie kaum glauben, daß Sie soeben ohne größere Schwierigkeiten durch diese abgestiegen sind. Nach kurzer Zeit kommen Sie an ein links liegendes, verrostetes Eisentor. Hier weisen Steinpyramiden scharf nach rechts.

Der weitere Weg verläuft nun durch die verwilderte Olivenpflanzung. Er ist ausreichend durch Steinpyramiden markiert. Dennoch muß man gut aufpassen, weil der Verlauf im Gewirr der Terrassen recht unübersichtlich ist, und der Pfad teilweise über die Terrassen, teilweise über angelegte Wege führt und oft von dem gerade erst eingeschlagenen Weg wieder abzweigt.

Nachdem Sie **Font Ses Rotes**, eine markante, aus einem Tunnel in einer Mauer kommende Quelle, passiert haben, gelangen Sie wenig später an die Ruine einer Finca. Es geht weiter abwärts, bis Sie ein Holzgatter erreichen, über das Sie steigen müssen. Rote Farbmarkierungen zeigen Ihnen, daß Sie noch auf dem richtigen Weg sind. Voraus auf einem Felsen thronend sehen Sie die Ruinen des ehemaligen Wachturms von Deyá, das **Castell d'es Moro**.

Bald liegt links unter Ihnen eine Finca, und nur wenig weiter gelangen Sie an ein weiteres Holzgatter. Sie haben jetzt die Finca dicht an Ihrer linken Seite und gehen auf ein weiteres Holzgatter zu, das ebenfalls überstiegen werden muß. Unmittelbar dahinter erreichen Sie einen geschotterten Fahrweg, der links hoch zur Finca führt. Sie folgen dem einspurigen Fahrweg rechts abwärts.

Bald erreichen Sie die ersten Häuser und 15 Minuten hinter der Finca gelangen Sie am 4-Sterne-Hotel Es Moli an die Hauptstraße von Deyá nach Valldemossa. Hier gehen Sie rechts und sind in knapp 10 Minuten im Zentrum von Deyá.

1

Deyá

BANK 07179

5mal täglich Richtung Sóller sowie Valldemossa/Palma.

Es Moli ****, ☎ 639000, FAX 639333, Pts. 11.500 bis 23.400, April bis Oktober. Das 1966 gebaute Hotel hat 165 Betten. Es liegt direkt am Wanderweg etwa 10 Minuten von Deyá entfernt. Zum Service gehört ein hoteleigener Bus, der die Gäste in den Ort und zum Strand transportiert. Die 1996 renovierte Anlage liegt in einem über 50.000 m² großen Garten.

♦ La Residencia ****, Cmno. son Canals, s/n, ☎ 639011, FAX 639370, Pts. 24.200 bis 50.600, ganzjährig. Das Hotel hat 120 Betten, u.a. auch luxuriöse Suiten. Das 1984 eröffnete La Residencia, das aus zwei alten Herrenhäusern aus dem 16. Jahrhundert und einer Ölmühle entstanden ist, wird zu Recht als eine der ersten Adressen Mallorcas bezeichnet. Es liegt am nördlichen Ortseingang, etwa 500 m von der Bushaltestelle inmitten von Terrassen mit Olivenhainen und Orangenplantagen.

♦ Hotel d'es Puig, Es Puig 4, ☎ 639409, FAX 639210, Pts. 6.000 bis 10.200, ganzjährig. Das Hotel hat 8 Doppelzimmer, alle mit Dusche/WC. Das 1890 erbaute Hotel war bald ein Geheimtip bei Malern und Schriftstellern. 1996 wurde es völlig renoviert. Das Haus liegt auf einer Anhöhe im Zentrum an der Straße, die zur Kirche führt. Von Terrasse und Garten hat man einen schönen Blick auf die umliegenden Berge.

Das malerische Bergdorf Deyá mit etwas mehr als 600 Einwohnern liegt in einer Höhe von etwa 200 m auf einem freistehenden Hügel zu Füßen des 1.064 m hohen Teix. Wegen ihrer geschützten Lage war die Gegend um das heutige Dorf schon früh besiedelt (📷 S. 75).

Der Ortsname entstammt wahrscheinlich dem Arabischen "*ad daia*", was soviel wie "Dorf" bedeutet. Bereits zu römischen Zeiten wurden erste Olivenplantagen angelegt. Während der Herrschaft der Mauren vom 10. bis zum 13. Jahrhundert wurden die Plantagen terrassiert und durch ein ausgeklügeltes Bewässerungssystem, das z.T. noch heute benutzt wird, mit Wasser versorgt.

Die kleinen verwinkelten Gassen laufen alle auf die Kirche zu, die sich an der höchsten Stelle befindet. Der sehenswerte Ort mit seinen typischen dickwandigen Steinhäusern ist schon vor mehr als 100 Jahren von Künstlern und Lebenskünstlern als Wohnsitz entdeckt worden.

Bekannte Komponisten, Maler und Dichter aus aller Welt haben sich hier niedergelassen. In ihrem Sog kamen weitere Ausländer, so daß heute etwa ein Viertel der Einwohner nicht von der Insel stammt.

Einer der berühmtesten Dichter, der den Ort zu seiner Wahlheimat gemacht hat, war der englische Schriftsteller Robert Graves. Er lebte von 1929 bis zu seinem Tod im Jahr 1985 in Deyá. Sein einfaches Grab befindet sich auf dem Friedhof neben der Kirche. Zu seinen bekanntesten Werken gehören die Romane "Ich, Claudius, Kaiser und Gott" sowie "Die weiße Göttin". Auch Peter Ustinov, Ava Gardner, Tony Richardson oder Pablo Picasso waren von dem Ort so angetan, daß sie zumindest zeitweise hier lebten.

Auch heute noch besitzt der Ort den Flair eines "Künstlerdorfes". In verschiedenen Galerien kann man die Werke der ansässigen Künstler und Kunsthandwerker bewundern und erwerben.

War Deyá in Künstlerkreisen schon lange weltweit ein Begriff, so wurde er einem größeren Publikum durch die ZDF-Serie "Hotel Paradies" bekannt, die u.a. in dem luxuriösen Hotel **La Residencia** des Ortes spielte.

Sehenswert ist neben dem gesamten Ortsbild vor allem die **Kirche Johannes des Täufers** (Sant Joan Bautista) aus dem 13. Jahrhundert mit ihrem barocken Altar. Neben der Kirche, im Obergeschoß des Rathauses, befindet sich ein kleines **Kirchenmuseum**. Darüber hinaus gibt es noch ein kleines **Kunstmuseum**, das von Künstlern des Ortes betrieben wird. Hier werden zeitgenössische Kunstwerke ausgestellt.

Wandertips in der Umgebung

Zur Cala de Deyá

Von Deyá aus führen zwei, z.T. markierte Wanderwege, die sich nach einiger Zeit vereinigen, hinunter in die Bucht des Ortes. Der Weg verläuft streckenweise auf dem erst vor kurzem restaurierten **Cami des Ribassos**, der historischen Verbindung zwischen Deyá und seinem Hafen

Die **Cala de Deyá** ist eine kleine Kiesbucht, in der einige Hütten stehen, die als Ferien- oder Wochenendhäuser genutzt werden. Bei ruhigem Wasser kann man hier gut baden. 1

Für die leichte Wanderung (Höhenunterschied ca. 200 m) benötigen Sie hin und zurück etwa zwei Stunden.

Zum Felsen sa Foradada

Eine weitere leichte Tour führt vom Landgut **son Marroig** bis zur Halbinsel sa Foradada. Das prunkvoll eingerichtete Herrenhaus war einst Wohnsitz von Erzherzog Ludwig Salvator und auch seine Cousine, die österreichische Kaiserin Sissi, war hier schon zu Gast. Der Garten mit dem berühmten italienischen Marmorpavillon, von dem man einen wunderbaren Blick hinunter auf das Meer mit der Halbinsel hat, und das als Museum hergerichtete Herrenhaus lohnen einen Besuch.

⌘ Landgut son Marroig, Mo bis Sa 10:30 bis 14:30 + 16:30 bis 18:30, Eintritt 350 Pts.

Der Weg zur Halbinsel ist ein Privatweg. Besucher des Herrenhauses dürfen ihn kostenlos benutzen. Allerdings wird erwartet, daß man vorher im Herrenhaus Bescheid sagt.

Die Wanderung auf dem breiten Serpentinenweg bietet immer wieder neue, faszinierende Blicke hinunter auf die Halbinsel mit dem charakteristischen, durchlöcherten Felsen. An einigen Stellen hat der Erzherzog Aussichtspunkte anlegen lassen. Kurz vor der Halbinsel trifft man auf den nach Port de Valldemossa führenden, nach links abzweigenden Pfad (☞ Wandertip Kapitel Valldemossa).

Auf der Westseite der Halbinsel ließ der Erzherzog einen kleinen Pier für seine Privatyacht anlegen. Heute wird die Anlegestelle von Ausflugsbooten genutzt. Daneben kann man bei ruhigem Wasser baden. Da die Strömung außerhalb der Bucht sehr stark ist, sollte man sich nicht weit vom Ufer entfernen.

Für die leichte Wanderung zur Halbinsel benötigen Sie für den Hin- und Rückweg knapp zwei Stunden. Der Rückweg erfolgt auf der gleichen Strecke. Dabei müssen Sie einen Höhenunterschied von jeweils etwa 250 m überwinden.

2. Deyá - Sóller

2

⌛ 2¾ Std.
⇧ Aufstieg ca. 150 m, Abstieg ca. 250 m
⇔ ca. 11 km
▶ Leichte Wanderung ohne Schwierigkeiten auf vielfach gepflasterten Pfaden und Wegen. Der erste Abschnitt (ca. 15 Minuten) führt entlang der viel befahrenen C 710. Nach starken Regenfällen können die ungepflasterten Streckenteile sehr matschig sein.
✖ Keine durchgehende Markierung. An Abzweigungen gelegentlich Hinweisschilder, Steinpyramiden oder Farbmarkierungen.

Diese Etappe führt über den historischen **Cami de Castelló**, der Deyá und Sóller miteinander verbindet. Dieser lange Zeit brachliegende Karrenweg ist in den letzten Jahren auf einigen Abschnitten restauriert worden. Er führt auf längeren Strecken durch terrassenförmig angelegte Ölbaumplantagen. Besonders beeindruckend ist der Blick auf den Talkessel von Sóller mit den dahinter aufragenden Bergen der zentralen Tramuntana im zweiten Teil der Wanderung. Ein Geheimtip ist die Finca son Mico, wo Sie stilvoll in geräumigen Zimmern mit antikem Mobiliar wohnen können und liebevoll von der Besitzerin umsorgt werden.

Sie verlassen Deyá auf der nach Sóller führenden Straße. Knapp 1,5 km hinter dem Ortsausgang in einer Rechtskurve, etwa 25 m vor dem Kilometerstein 60,2, gehen Sie hinter dem Haus "Es Roquissa" rechts auf den nach oben führenden Weg. Ein roter Farbpunkt und ein Pfeil weisen die Richtung.

Schon nach 100 m stoßen Sie auf eine Asphaltstraße, der Sie weiter aufwärts folgen. Es geht steil bergan durch ein Gebiet mit Häusern, die an Touristen vermietet werden. Den rechts abzweigenden Weg ignorieren Sie.

Nur wenig später gelangen Sie an eine scharfe Rechtskurve. Etwa 10 m dahinter zweigt links der mit Natursteinen gepflasterte historische **Cami de Castelló** ab. Die Abzweigung ist mit einer Steinpyramide und einem Hinweisschild gekennzeichnet.

Über Stufen geht es nun weiter aufwärts, zunächst durch einen kleinen Kiefernwald und dann durch terrassierte Olivenhaine. Beim Blick zurück kann man nochmals die grandiose Steilwand sehen, durch die der Abstieg in der vorigen

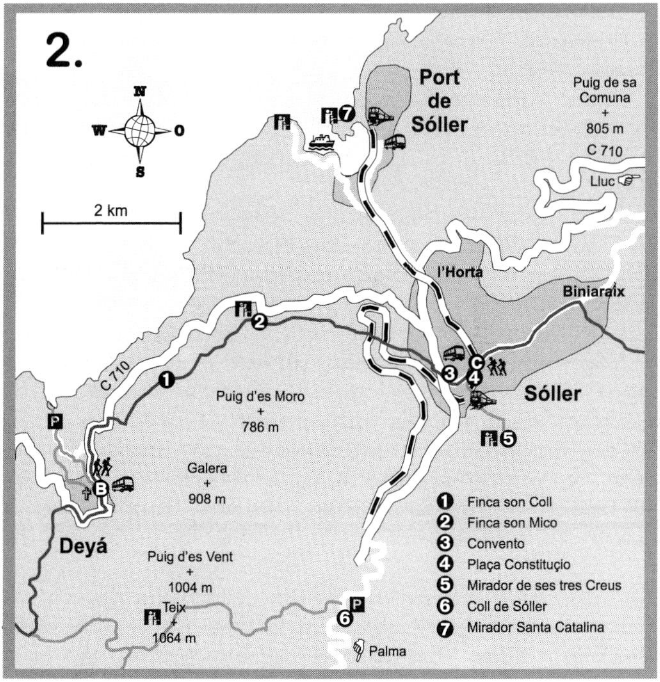

2

Etappe erfolgte. Nach links haben Sie einen schönen Blick auf das tiefblaue Mittelmeer.

Etwa 20 Minuten nachdem Sie die Hauptstraße verlassen haben, erreichen Sie die **Finca son Coll**. Kunstwerke aus Metall und Steinskulpturen zeigen, daß auch hier ein Künstler am Werk war. Der Weg führt direkt an dem Gebäude vorbei und dahinter über gepflasterte Stufen zunächst wieder abwärts.

Am Ende der Stufen erreichen Sie eine größere Wegkreuzung. Hier gehen Sie den schmalen, mit Natursteinen gepflasterten Weg aufwärts. Ein Holzschild mit kaum noch zu erkennender Beschriftung weist die Richtung.

Wenig später treffen Sie auf eine Asphaltstraße, die überquert werden muß. Dahinter geht es auf dem Pfad weiter, der nun für einige Zeit oberhalb zur Asphaltstraße verläuft, bis diese an einer Finca endet.

Der Weg führt in diesem Teil durch mehr oder weniger dichten Kiefern- und Steineichenwald. Stellenweise ragt zur Rechten kahler Fels empor. Bald stoßen Sie an ein Metalltor.

Dahinter befinden Sie sich wieder in terrassierten Olivenpflanzungen. Hier haben Sie den höchsten Punkt der Etappe erreicht. Es geht nun an einer rechts stehenden hohen Mauer entlang bis zu einem kreisrunden, ehemaligen Dreschplatz.

Von hier hat man einen wunderbaren Blick auf die Umgebung. Im Vordergrund thront auf einem Hügel eine einsam stehende Schirmpinie. Im Hintergrund hinter dem Talkessel von Sóller ragt majestätisch der Puig Major empor.

Sie gehen um den Dreschplatz herum und weiter auf dem nun breiten Feldweg. Schon zwei Minuten später erreichen Sie die **Finca son Mico** (S. 75).

Obwohl Sie noch nicht lange unterwegs sind, bietet sich die Finca doch für eine ausgiebige Rast an. Auf der Terrasse kann man schön unter schattigen Bäumen sitzen, den Weitblick genießen und sich von der netten Besitzerin mit kühlem Landwein, frisch gepreßtem Orangensaft und selbst gemachten Kuchen zu zivilen Preisen verwöhnen lassen.

☺ Ganz neu ist die Möglichkeit, in der Finca zu übernachten. Agnés Coll und Tochter Isabell haben gerade zwei hübsche Apartments für Gäste fertiggestellt, die z.T. mit historischen Möbeln ausgestattet sind. Wer schon immer mal in einem 300 Jahre alten Himmelbett schlafen wollte, ist hier genau richtig, und bei Interesse kann Agnés eine Menge über die Geschichte ihrer Familie und die Mallorcas erzählen.

Das kleinere Apartment kostet für 2 Personen incl. Frühstück 18.000 Pts pro Nacht. Für das größere mit ca. 50 m² muß man 22.000 Pts bezahlen. Wer in der Finca übernachten will, sollte unbedingt rechtzeitig im voraus reservieren.

Finca Son Mico, Agnés & Isabell Coll, 07100 Sóller, ☏ 630780.

Irgendwann muß aber auch dieser gastliche Ort wieder verlassen werden, und es geht weiter an der Finca vorbei einen kleinen Weg abwärts auf eine Kapelle zu. Hier bietet sich mit der kleinen Kapelle im Vordergrund und dem Massiv des Puig Major im Hintergrund nochmals ein außergewöhnliches Fotomotiv.

Hinter der Kapelle bleiben Sie auf dem kleinen Weg. Rechts ist die Zufahrt zu einer benachbarten Finca, an der Sie dicht vorbeigehen. Auf schmalem Pfad geht es nun durch terrassierte Anpflanzungen von Oliven-, Feigen- und Johannisbrotbäumen. Der Blick auf Sóller und die dahinter liegenden Berge wird immer eindrucksvoller. Bald ist auch der l'Ofre zu sehen, der hinter dem Tal von Sóller liegt und an dem die folgende Etappe entlang führt.

Nach einiger Zeit gelangen Sie nach einer scharfen Linkskurve an einen breiteren Fahrweg, der überquert werden muß. Dahinter geht es auf einem relativ breiten Weg schräg rechts abwärts weiter durch z.T. uralte Olivenhaine, die streckenweise von Kiefern-Steineichenwäldern abgelöst werden.

Dort, wo der Weg am Eingangstor zu einer Olivenplantage endet, verlassen Sie ihn nach links. Es geht nun ziemlich steil bergab. Für ein kurzes Stück ist der Weg asphaltiert. Voraus liegt tief im Talkessel Sóller, eingerahmt von massiven Bergen. Ein wundervoller Blick, der sich ständig wandelt.

Knapp 15 Minuten hinter dem Eingang zur Plantage stehen Sie plötzlich oberhalb des Tunnelausgangs der Eisenbahnlinie Palma-Sóller, des Roten Blitzes. Gut fünf Minuten später treffen Sie am Ausgang einer Olivenpflanzung auf einen breiten, geschotterten Weg, der kurz darauf asphaltiert ist. Sie befinden sich jetzt auf dem Cami son Pons, den Sie bis zur Hauptstraße in Sóller nicht verlassen.

Gleich am Anfang der Straße zweigt links der Cami de can Coll ab. Hier geht es zum komfortablen Agrotourismo Hotel Finca can Coll. Gleich hinter der Abzweigung passieren Sie eine riesige, sehenswerte Hecke aus Feigenkakteen und auf der gegenüberliegenden Straßenseite andere große, exotische Pflanzen. Durch Zitrusplantagen geht es bis zum Ende der Straße, wo Sie auf die Hauptstraße treffen, die am Ortskern von Sóller vorbeiführt.

☺ Da Sie nun bereits kurz vor dem Ziel sind, und die Etappe relativ kurz war, verbleibt vielleicht noch etwas Zeit, sich den Botanischen Garten von Sóller anzusehen. Um zum Garten zu gelangen, gehen Sie die Hauptstraße abwärts (nach links). Nach nur 100 m erreichen Sie dann den Eingang.

Um zum Etappenziel zu kommen, überqueren Sie die Hauptstraße und gehen die Verlängerung des Cami son Pons weiter, bis Sie an die Placa Galtar Francesc gelangen, die von dem **Convento**, einem ehemaligen Franziskanerkloster, beherrscht wird. Am Platz biegen Sie links in die Straße Isabel II ein und erreichen in fünf Minuten das Zentrum von **Sóller**.

Sóller

07100

Touristenin, Plaça Constitucio 1, 630200, FAX 633722. Mo bis Sa 9:30 bis 13:30 (neben der Kathedrale im Rathaus am Hauptplatz).

Ortspolizei im Rathaus, 630200.

Erste Hilfe, Carrer Bisbe Colom, 633111 + 633150.

♦ Notdienst 633050.

♦ Rote Kreuz Station, Carrer Joan Baptista 11, 630845.

Taxistände an der Plaça Constitució und Plaça Espanya, 630571.

Einige Preisbeispiele (in Pts) von Sóller nach: Deyá 2.200, Valldemossa 3.200, Coll de Sóller 2.000, Cuber 2.700, Lluc 4.800, Port de Pollença 8.000, Palma Flughafen 4.500.

Ferrocarril de Sóller, Castanyer 7, 07100 Sóller, 630301.

Der Rote Blitz (*Rayo rojo*) von Palma nach Sóller fährt je Richtung 5- bis 6mal laut Fahrplan. Bei einigen Fahrten legt der Zug auf der Strecke an einem besonders schönen Aussichtspunkt oberhalb Sóllers einen Fotostop ein (*Tren Turistico*). Darüber hinaus erfolgen noch bis zu 10 Touristenfahrten von geschlossenen Gruppen täglich. Die Fahrt dauert eine knappe Stunde.

Die Preise betragen für die normale Fahrt Pts. 760 hin und zurück, für den Tren Turistico Pts. 1.115.

2

Die Straßenbahn von Sóller nach Port de Sóller verkehrt im Sommer (Mai bis Okt. alle halbe Stunde, sonst jede Stunde.

Busse jeweils 5mal täglich über Deyá und Valldemossa nach Palma. Einmal täglich über den Stausee Cuber und Lluc nach Pollença (1. April bis 31. Oktober). Der Bus fährt vormittags Richtung Pollença und nachmittags retour.

Finca can Coll, Cami de can Coll 1, 633244, FAX 631905, Pts. 12.840 bis 19.795, ganzjährig. Das Hotel hat 11 Betten in komfortablen Zimmern und zählt zu den schönsten Landhotels der Insel. Es liegt inmitten einer großen Zitrusplantage etwa 1 km außerhalb der Stadt nahe am Wanderweg.

♦ Hotel Rural ca n'Ai, ****, Cami de son Sales 50, 632494, FAX 631899, ab Pts. 40.000, Anfang/Mitte Februar bis Ende Oktober. Das aus dem Jahre 1723 stammende Gutshaus liegt inmitten einer großen Orangenplantage nahe bei Sóller. Die kleine Luxusherberge verfügt über 16 Betten.

♦ Hotel can Roses ***, 632541, Pts. 9.500 bis 24.000, ganzjährig. Das Hotel hat 8 individuell eingerichtete Zimmer mit Bad und WC. Es liegt in der Nähe des Zentrums in einer ruhigen Seitengasse.

Sóller gehört sicher zu den sehenswertesten und attraktivsten Ortschaften Mallorcas. Für Erzherzog Ludwig Salvator war die Stadt sogar "die schönste Ortschaft der Insel und sicher eine der schönsten der Welt". Er pries die landschaftliche Schönheit der Umgebung, die Fruchtbarkeit des Bodens, den großen Wasserreichtum, die balsamische Luft und das milde, gesunde Klima.

Der Ort liegt in einem großen Talkessel, gebildet von den höchsten Gipfeln der Insel, der zum wenige Kilometer entfernten Meer hin offen ist. Die umgebenden hohen Berge bescheren Sóller ein besonders günstiges Mikroklima, das dafür sorgt, daß Orangen und Zitronen, Mandeln, Feigen und Oliven besonders gut gedeihen. In dem windgeschützten und sonnigen Tal wachsen die süßesten Orangen und die saftigsten Zitronen Mallorcas. Schon die Araber kannten den Wert des Ortes und nannten es deshalb "Sulliar", was soviel wie "Tal des Goldes" heißt. Anderen Quellen zufolge bedeutet dieses Wort aber auch "Seemuschel" und weist damit auf die Muschelform hin, die Bucht und Tal zusammen bilden. Beide Erklärungen treffen auf Sóller uneingeschränkt zu (S. 71).

Wer die Gelegenheit hat, im Mai in den Ort zu kommen, wird wohl nie mehr die beeindruckende Landschaft vergessen: Die Luft ist klar, und vor dem tiefblauen Himmel treten deutlich die Konturen der Berge hervor. Die Zitrusbäume sind voller duftender Blüten und kräftig orange und gelb leuchten die noch an den Bäumen reifenden Apfelsinen und Zitronen.

Aussprache des Ortsnamens: Das "ll" wird wie in anderen katalanischen oder mallorquinischen Wörtern auch wie "lj" gesprochen. Der Akzent zeigt an, daß die Betonung auf dem "o" liegt, so daß der Ortsname wie "Sóljer" ausgesprochen wird.

Sóller war lange Zeit durch die hohen Berge von der übrigen Insel mehr oder weniger abgeschnitten. Die Bevölkerung lebte vom Fischfang, von der Landwirtschaft und der Zucht von Seidenraupen sowie der Verarbeitung der Seide. In der Blütezeit waren insgesamt 14 Webereien in Betrieb. Vom 17. bis zum 19. Jahrhundert war besonders der Handel mit dem spanischen Festland und Frankreich von Bedeutung. Sóller erlebte damals einen wirtschaftlichen Aufschwung, von dem noch heute die vielen herrschaftlichen Häuser mit ihren schön verzierten Fassaden und den blumengeschmückten Innenhöfen im Zentrum der Stadt zeugen.

Erst im Jahre 1912 wurde mit dem **Roten Blitz**, der Eisenbahn zwischen Palma und Sóller, eine bequeme Verkehrsverbindung zwischen dem abgelegenen Tal und dem Rest der Insel geschaffen. Der Weg über den Paß war zeitaufwendig und im Winter oft nicht befahrbar. Darüber hinaus machten Wegelagerer den Transport unsicher. Die Eisenbahn schaffte nun eine für den Handel äußerst wichtige Verbindung, die auch heute noch existiert.

In der Zwischenzeit wird die in Privatbesitz befindliche Bahn allerdings vornehmlich von Touristen genutzt. Tourismus ist in der Gegenwart auch die Haupteinnahmequelle der knapp 11.000 Einwohner zählenden Gemeinde, zu der noch die Ortschaften Port de Sóller, l'Horta de Sóller, Biniaraix und l'Alqueria del Comte gehören.

Abgesehen von der umgebenden Landschaft und dem schönen Ortsbild an sich bietet Sóller aber noch eine Reihe weiterer Sehenswürdigkeiten. Zentrum ist der große Platz **Plaça Constituçio** mit einem Brunnen und vielen gemütlichen Straßencafés. Laut rumpelnd fährt die Straßenbahn nach Port de Sóller mitten über den Platz dicht an den Gästen der Cafés vorbei (📷 S. 71).

Der Platz wird an drei Seiten von mehrstöckigen Bürgerhäusern aus der Jahrhundertwende flankiert. An der vierten Seite liegt die große Kirche **San Bartolomé**. Die erste christliche Kirche an dieser Stelle wurde auf den Grundmauern einer Moschee bereits im frühen 13. Jahrhundert kurz nach der Eroberung Mallorcas durch Jaume I. errichtet.

Der heutige Bau stammt im wesentlichen aus dem 17. Jahrhundert. Die barocke Fassade ist noch jüngeren Datums. Sie wurde Anfang des 20. Jahrhunderts fertig gestellt. Im goldverzierten Inneren finden sich eine Reihe sehenswerter Statuen, darunter auf dem Hauptaltar die des Heiligen Bartolomé, der der Schutzpatron der Stadt ist. Sehenswert ist auch die gotische Madonna mit Kind rechts neben dem Hochaltar.

✝ **San Bartolomé**, Besichtigung Mo bis Sa 🕘 10:00 bis 12:30 + Mo bis Do 🕘 14:30 bis 16:30.

Rechts neben der Kirche ist das **Rathaus**, mit dessen Bau im 17. Jahrhundert begonnen wurde. Hier finden Sie auch das **Touristen-Informationsbüro**.

Entgehen lassen sollte man sich auf keinen Fall einen Besuch der Markthalle **Mercat Municipal** in der Nähe des Hauptplatzes. Hier findet täglich (außer So) von 9 bis 13 Uhr ein Markt statt. Verkauft werden vor allem Produkte aus der

Region (Oliven, Zitrusfrüchte, Fisch). Dienstags werden zusätzlich lebende Kleintiere angeboten.

In einer Seitenstraße nahe des Hauptplatzes (Carrer de sa Mar) befindet sich in einem schönen Herrenhaus aus dem 18. Jahrhundert das kleine **Stadtmuseum** (Museu Casa de Cultura). Neben Gemälden werden Keramiken und historische Gebrauchsgegenstände gezeigt. Das Museum vermittelt einen guten Eindruck in die ehemalige Wohnkultur der wohlhabenden Bevölkerung Sóllers.

⌘ **Museu Casa de Cultura**, Carrer del Mar, ☏ 630200, Mo bis Sa 11:00 bis 13:00 und 17:00 bis 20:00.

Das am Stadtrand liegende, ehemalige Franziskanerkloster **Convento** wird schon seit vielen Jahren als Privatschule genutzt. Nahebei liegt das erst Anfang der 90iger Jahre fertiggestellte **Naturwissenschaftliche Museum** (Museu Balear de Ciècies Naturals) zu dem auch der **Botanische Garten** gehört.

Im Garten finden Sie eine Fülle von exotischen Pflanzen. Schwerpunkt der Sammlung sind Arten, die auf den Balearen heimisch sind. Inzwischen werden fast 700 der etwa 1700 auf den Inseln wild wachsenden Pflanzen im Botanischen Garten gepflegt. Parallel dazu wird im Naturwissenschaftlichen Museum u.a. eine Samenbank aufgebaut, in der Samen von seltenen oder vom Aussterben bedrohter Pflanzen gesammelt werden.

⌘ **Museu Balear de Ciècies Naturals**, ☏ 634064, Mai bis September Di bis Fr + So 10:00 bis 14:00 + 17:00 bis 20:00, Sa von 10:30 bis 13:30 Uhr, Oktober bis April kürzere Öffnungszeiten, Mo geschlossen.

Ausflugstips in der Umgebung

Zum Mirador de ses Tres Creus

Ein einfacher Spaziergang führt zu einem schönen Aussichtspunkt oberhalb Sóllers, der einen guten Überblick über die Stadt bietet. Der Aussichtspunkt mit seinen drei Kreuzen und einem Denkmal wurde von der katholischen Kirche errichtet.

Sie starten am Hauptplatz und folgen den Gleisen der Straßenbahn bis zum Bahnhof. Dort wenden Sie sich nach links, nehmen die nächste Abzweigung nach

2

rechts und gehen anschließend gleich wieder links. Die nächste Straße rechts (Pau Noguera) führt Sie zum Friedhof, an dem Sie vorbeigehen.

Hinter dem Friedhof überqueren Sie ein Torrent und gehen weiter in den Cami sa Coma, ignorieren den rechts abzweigenden Cami ca'n Petro, halten sich danach aber weiter rechts, bis Sie nach kurzer Zeit an den ebenfalls rechts abzweigenden Cami de ses Creus stoßen. Diesem Weg folgen Sie nun bis zum Aussichtspunkt.

Vom Mirador aus haben Sie einen wunderbaren Blick auf Sóller, das sich im "Tal der Orangen" ausbreitet, und die Umgebung. Im Nordwesten liegt die runde Bucht von Port de Sóller und im Nordosten sehen Sie auf das Vorgebirge des Puig Major, den Puig de's Mig Dia, der auch schon eine Höhe von 1.382 m erreicht.

Ebenfalls in der Richtung liegen die beiden Gebirgsdörfer Biniaraix und Fornalutx, die sich eng an die Berghänge anschmiegen. Im Südwesten sehen Sie den tiefen Einschnitt, den der Coll de Sóller zwischen dem Teix und der Serra de Alfabia bildet.

Für die einfache Wanderung auf der kaum befahrenen Straße benötigen Sie eine knappe Stunde hin und zurück.

Vom Coll de Sóller auf den Teix

Der 1.064 m hohe Teix kann auch von seiner Ostflanke her bestiegen werden. Wer die längere Wanderung von Valldemossa (☞ Routenbeschreibung Kapitel Valldemossa) aus scheut, kann auf einen der schönsten Aussichtsberge Mallorcas vom Coll de Sóller aus aufsteigen.

Ausgangspunkt der Wanderung ist die Paßhöhe selbst. Dort finden Sie auf der linken Seite einen großen Parkplatz. Leider ist der Start- und Zielpunkt weder mit Bahn noch Bus zu erreichen, so daß Sie entweder per Anhalter, mit dem Mietwagen oder einem Taxi (von Sóller 2.000 Pts) anfahren müssen. Wenn Sie einen Mietwagen nehmen, achten Sie darauf, daß Sie nicht durch den gebührenpflichtigen neuen Straßentunnel fahren, sondern über die alte Paßstraße.

Vom Parkplatz aus gehen Sie ein kleines Stück Richtung Sóller die Paßstraße abwärts, bis Sie nach etwa 50 m noch vor der ersten Kurve auf ein paar Stufen links der Straße stoßen. Sie gehen die Stufen abwärts und unten links an dem Gebäude vorbei, wo Sie auf die Zufahrtstraße zur Mineralwasser-Abfüllstation der **Font d'es Teix** stoßen.

Sie durchqueren die Anlage und stoßen im hinteren Teil auf ein Eisengatter, das Sie trotz des Verbotsschildes passieren dürfen. Dahinter beginnt ein Schotterweg, der in Serpentinen zunächst durch Olivenplantagen und später durch Mischwald führt. Sie bleiben auf der Hauptpiste und ignorieren alle abzweigenden Wege. Stellenweise finden sich nun rote Farbmarkierungen.

Etwa 45 Minuten nach dem Start lichtet sich der Wald, und Sie erreichen eine Natursteinfinca, die **Cases del Rei Don Jaume**. Gleich hinter der Finca geht es, durch einen roten Pfeil markiert, rechts ab. Kurz hinter den Überresten eines Kohlenmeilers kommen Sie an eine Gabelung, die durch einen riesigen Findling auf der linken Seite nicht zu übersehen ist. Hier halten Sie sich links. Nun geht es auf einem schmalen Pfad durch dichten Mischwald bergan. Rote Farbmarkierungen und Steinmännchen helfen bei der Orientierung.

Langsam erreichen Sie die Baumgrenze und die Landschaft wird karstiger. Kurz darauf kommen Sie an eine Gabelung, wo Sie rechts nach wenigen Metern an einen lohnenswerten Aussichtspunkt mit Blick auf den Puig Major und den Talkessel von Sóller stoßen.

2

Zum Teix geht es links weiter über eine Hochebene bis zur Schlangenquelle, der **Font de sa Serp**. An der Quelle gabelt sich der Weg. Geradeaus weiter geht es nach Valldemossa. Links erreichen Sie über einen mit Steinmännchen und roten Farbtupfern markierten, relativ steilen Bergpfad in 15 Minuten den Gipfel des Teix.

Vom Gipfel aus haben Sie einen faszinierenden Blick auf weite Teile der Insel. Beeindruckend sind vor allem die höchsten Gipfel der Tramuntana.

Sie sehen den **Galatzó** im Südwesten, den **l'Ofre**, **Puig Major** und **Massanella** im Nordosten und die **Serra de Alfabia** im Osten. Nach Westen hin können Sie den Wegverlauf der Wanderroute nach Valldemossa durch die Schlangenebene bis zum Caragoli verfolgen.

☺ Für diejenigen, die per Anhalter oder mit dem Taxi zum Ausgangspunkt gefahren sind, bietet sich folgende Variante an: Sie steigen vom Gipfel aus nach Valldemossa ab (☞ Routenbeschreibung im Kapitel Valldemossa) und fahren von dort mit dem Bus wieder zurück nach Sóller. Für den Abstieg (ca. 600 Höhenmeter) benötigen Sie etwa 2½ Stunden.

Für die relativ einfache Wanderung auf breiten Schotterwegen und felsigem Pfad müssen Sie hin und zurück mit etwa drei Stunden rechnen, wobei ein Höhenunterschied von 550 m vor Ihnen liegt.

Port de Sóller 07108

- **Hotel Marina** **, Platja de'n Repic, ☎ 631461, FAX 634182, von 3.500 bis 6.000 Pts, ganzjährig. Das am Strand gelegene vierstöckige Hotel stammt aus dem Jahr 1934 und wurde 1996 renoviert.
- ♦ **Hotel Eden** ***, Es Travès 26, ☎ 631600, FAX 633656, ab 5.000 Pts, ganzjährig. Das Hotel mit knapp 300 Betten liegt unweit des Strandes in der Mitte der Bucht.

Natürlich darf ein Ausflug in den Hafen von Sóller, nach **Port de Sóller,** nicht fehlen. Am besten treten Sie die Fahrt mit der nostalgischen Straßenbahn an, die seit 1913 den Ort mit seinem knapp 5 km entfernten Hafen verbindet.

2

Die Straßenbahn, von den Einheimischen **El Tranvia** genannt, verdankt ihre Existenz dem Roten Blitz, der Eisenbahn zwischen Palma und Sóller. Für den Bau der Strecke zwischen Palma und Sóller waren nämlich nur dann staatliche Zuschüsse zu erhalten, wenn die Streckenlänge mindestens 30 km betrug.

Leider kamen die Vermessungsingenieure aber nur auf gut 27 km und so wurde zusätzlich einfach die 4,8 km lange Trambahnstrecke zum Hafen gebaut. Den Bürokraten fiel dieser Trick offensichtlich nicht auf, und so hat Sóller heute neben der Eisenbahn mit der Straßenbahn eine weitere sehenswerte Touristenattraktion.

Port de Sóller mit seinem nierenförmigen Naturbecken war früher ein geschäftiger Umschlagplatz für den Handel mit Zitrusfrüchten und anderen Produkten und Station der einheimischen Fischer. Heute ist die Bucht ein bekannter Urlaubsort und ein beliebtes Ausflugsziel für Tagesgäste. Obwohl das Wasser in der Bucht nicht den saubersten Eindruck macht, herrscht im Sommer entlang des Sandstrandes ein reger Badebetrieb.

Die Einfahrt zum Hafen wird auf beiden Seiten von **Leuchttürmen** flankiert. Einen schönen Überblick über den Ort bekommt man vom Leuchtturm auf der Westseite der Bucht, zu dem eine asphaltierte Straße führt. Gegenüber liegt das

es Faro, ein empfehlenswertes Restaurant, das überwiegend mallorquinische Küche bietet, allerdings nicht ganz billig ist. Von der Terrasse des Restaurants aus hat man beim Essen ebenfalls einen wundervollen Blick auf den Ort, die Bucht und das Meer.

Vom Fischerhafen aus führt ein Weg durch den historischen Kern der Ortschaft bis zum Aussichtspunkt **Mirador Santa Catalina**, wo man neben einem herrlichen Blick auf die Steilküste auch die Reste eines Kastells aus dem 16. Jahrhundert sehen kann.

Weiter nördlich liegt an der Steilküste der **Torre Picada**, ein ehemaliger Wacht- und Wehrturm, der 1561 errichtet wurde.

Vom Hafen aus verkehren in den Sommermonaten diverse **Ausflugsboote** in die nahegelegenen Buchten. Besonders beliebt ist die Fahrt nach sa Calobra am Ausgang des Torrent de Pareis. Darüber hinaus gibt es Fahrten nach Cala Tuent, Cala Deyá und zum Anleger der Felsenhalbinsel sa Foradada. Fahrkarten erhalten Sie direkt an der Mole im Hafen oder bei einigen Reiseagenturen.

☺ Am 15. Mai 1561 landete der Pirat Occhialis mit 1.700 Mann an der Küste nahe Sóller. Er versprach sich reiche Beute, war aber nicht auf die heftige Gegenwehr der Mallorquiner gefaßt. Der Legende nach waren es zwei Frauen, die entscheidend dazu beitrugen, die Angreifer zurück zu schlagen.

Noch heute erinnert ein historisches Fest, das zu den spektakulärsten auf Mallorca gehört und zu einem Volksfest für alt und jung wurde, an den damaligen Sieg.

Das **Fest der tapferen Frauen** beginnt jedes Jahr am zweiten Wochenende im Mai. In Sóller und im Hafen werden dann eine Vielzahl von Veranstaltungen aller Art durchgeführt, wie z.B. verschiedene Ausstellungen, Tanzveranstaltungen, Konzerte, ein Jahrmarkt oder der **Umzug der tapferen Frauen**.

Höhepunkt der Festivitäten bildet am Montagnachmittag die Nachstellung des Überfalls. Dazu fahren als Piraten verkleidete Männer mit Booten hinaus und versuchen, in der Bucht zu landen. Und regelmäßig werden sie von den herbeieilenden Mallorquinern während einer bunten, lärmenden Schlacht besiegt. Anschließend ziehen alle Kämpfer gemeinsam in die Stadt ein, um bei einem - oder meist mehreren - Gläschen Wein den Tag ausklingen zu lassen.

2

Valldemossa liegt malerisch am Berghang (S. 37)

2

Die berühmte Kartause von Valldemossa (S. 37)

3. Sóller - Tossals Verds

3

⌛ 5 Std., 3 ½ Std. bis zum Stausee, von dort 1 ½ Std. bis zur Berghütte.

⇧ Aufstieg bis zum Coll de l'Ofre ca. 850 m, Abstieg von dort bis zum Stausee ca. 120 m; dann nochmals etwa 375 m Abstieg und ca. 150 m Anstieg.

⇔ ca. 16 km

▶ Stellenweise sehr steil und anstrengend. Die Strecke von der Staumauer bis nach Tossals Verds führt teilweise steil abwärts auf einem schmalen Pfad mit losem Geröll. Hier müssen Sie auch durch mehrere, z.T. relativ lange, unbeleuchtete Tunnel. Für den Durchgang benötigen Sie unbedingt eine Taschenlampe.

Wenn Ihnen die Gesamtstrecke zu lang ist, dann können Sie am Stausee Cuber die Etappe unterteilen.

Von der Staumauer aus erreicht man in 10 Minuten einen Parkplatz an der C 710. Von dort kommt man relativ sicher per Anhalter zurück nach Sóller oder weiter bis Lluc.

Zwischen dem 1. Mai und 31. Oktober verkehrt auch ein Linienbus zwischen Sóller und Pollenca, der am Parkplatz auf Anforderung hält. Allerdings fährt er nur einmal täglich je Richtung und ist oft total überfüllt, so daß manchmal Fahrgäste zurückbleiben müssen.

✖ Keine durchgehende Markierung. Der Wegverlauf ist aber eindeutig.

3

Heute führt die Tour bis zum Stausee im wesentlichen über den **Cami des Barranc**, einen alten Pilgerweg, der Sóller mit dem Kloster in Lluc verband. Für die Strecke von 25 km benötigten die Pilger meist 2 Tage. Heute ist er nicht mehr durchgängig passierbar, weil die historische Route unterhalb des Puig Major durch militärisches Sperrgebiet führt, das nicht betreten werden darf. In den letzten Jahren wurde Teilstrecken des Weges restauriert. Vom Weg aus bieten sich immer wieder herrliche Ausblicke auf Sóller.

Im zweiten Teil der Route, vom Stausee Cuber aus, wandern Sie durch ein Tal, das von den Ausläufern des l'Ofre und dem Massiv der Tossa*ls Verds gebildet wird. Ziel ist die einzige bewirtschaftete Berghütte Mallorcas.*

Startpunkt ist der Platz an Kirche und Rathaus im Zentrum von Sóller. Mit den beiden Gebäuden im Rücken gehen Sie in die am Ende des Platzes nach rechts

3

Wanderer auf dem Reitweg des Erzherzogs Ludwig Salvator (S. 44)

Die Straßenbahn rumpelt über den Plaça Constituçio in Sóller (S. 60)

Sóller liegt zu Füßen des l'Ofre (S. 58)

abzweigende Straße (*Carrer de sa Lluna*). Diese schmale Gasse ist das "Einkaufszentrum" des Ortes mit vielen kleinen Geschäften aller Art.

Nach wenigen Minuten wird die Bebauung lichter. Links der **Torrent des Barranc**. Dieser Fluß mit seiner zum Teil tief eingegrabenen Schlucht wird Sie den ersten Teil des Weges begleiten. 10 Minuten nach dem Start erreichen Sie an einer einbogigen Steinbrücke ein markantes Steinkreuz. Hier zweigt links über das Bachbett der Weg nach Fornalutx ab. Sie gehen weiter geradeaus.

Fünf Minuten später müssen Sie den Bach dann doch überqueren. Über eine Steinbrücke geht es auf die andere Seite. Geradeaus endet der Weg an einer Finca.

Auf der Asphaltstraße geht es nun leicht bergan. Vor Ihnen liegt das mächtige Massiv der **Serra de Alfabia** mit dem Gipfel des es **Cornadors** und dem **l'Ofre**. Die Landschaft wird offener, links und rechts des Weges erstrecken sich große Apfelsinen- und Zitronenplantagen. Nur 10 Minuten hinter der Brücke erreichen Sie Biniaraix.

Das kleine Bergdorf **Biniaraix** hat gut 50 Einwohner. Auch dieser Name ist, wie bei so vielen Orten auf Mallorca, arabischen Ursprungs und bedeutet etwa "Söhne des Hinkenden". Am Platz des Dorfes, dem Plaça de Conçeption, liegt die kleine Pfarrkirche Inmaculata Conçepçió. Sie stammt von Anfang des 17. Jahrhunderts. Sehenswert ist der Marienaltar.

Der Wanderweg führt vor der Kirche rechts weiter in den Carrer de Sant Josep. Nach etwa 50 m zweigt nach links ein kleiner Weg Richtung Fornalutx ab. Sie gehen hier nach rechts zu dem kleinen Platz unmittelbar vor einem Waschhaus. Es wird heute nicht mehr benutzt. Noch vor wenigen Jahren haben sich hier die Frauen des Dorfes getroffen und beim Wäsche waschen die allerneuesten Nachrichten aus dem Leben der Gemeinde ausgetauscht.

Sie gehen rechts vom Waschhaus auf den kleinen, nicht asphaltierten Weg. Hier beginnt der ehemalige Pilgerpfad **Cami d'es Barranc**. Der Weg ist über weite Strecken mit runden Natursteinen gepflastert, die bei Feuchtigkeit sehr rutschig sind. Er führt zunächst durch terrassenartig angelegte Oliven- und Johannisbrotpflanzungen. Besonders im Herbst, wenn die reifen Früchte der Johannisbrotbäume zu Boden fallen, liegt ein angenehm süßlicher Duft in der Luft.

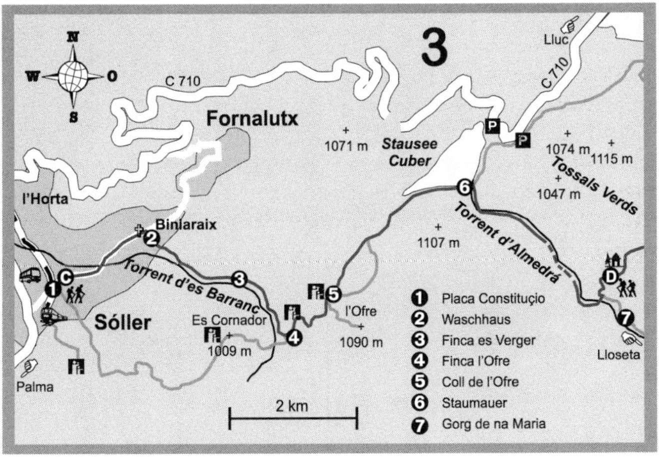

Nach kurzer Zeit führt der Weg steil bergan. Sie überqueren mehrere Male das Bachbett, und die Schlucht wird immer enger. Beim Blick zurück hat man phantastische, immer wieder wechselnde Blicke auf Sóller und voraus liegt das schier unüberwindlich wirkende Massiv der Serra de Alfabia, deren Höhen der Pilgerpfad erklimmt.

Knapp 30 Minuten hinter dem Waschhaus erreichen Sie einen kleinen, in den Fels gebauten Unterstand, der bei einem Unwetter Schutz bietet. Neben dem Weg verläuft nun eine Wasserleitung, an der von Zeit zu Zeit Wasserhähne angebracht sind. Eine willkommene Erfrischung.

Wenig später können Sie auf einer Anhöhe auf der rechten Seite ein kleines, aus Natursteinen gebautes Haus sehen. Das Tal wird nun noch enger, und bald erreichen Sie eine eigenartige Felsformation an der rechten Seite des Weges, die wie eine Tropfsteinhöhle wirkt. Vom Wasser ausgewaschene Mineralien haben den Fels in verschiedenen Ockertönen gefärbt.

Gut fünf Minuten später gelangen Sie an einen schön gelegenen, ebenen Rastplatz mit einer kleinen Kapelle und einem weiteren kleinen Gebäude. Die zwei Gebäude gehören bereits zur Finca es Verger, die Sie nach weiteren fünf Minuten erreichen. Das Bergmassiv voraus wirkt von hier wie ein riesiges Amphitheater. Der Weg hinauf ist noch nicht zu sehen.

3

Der Weg zur Refugi Tossals Verds führt durch einen Tunnel

Blick auf Deyá (S. 49)

Blick von der Finca son Mico auf den Puig Mayor (S. 56)

Von der Finca aus geht es weiter immer näher an das Massiv heran. Eine knappe ½ Stunde später stehen Sie vor einer senkrecht aufragenden, überhängenden Wand, die beeindruckend und bedrohlich zugleich ist. Auch der Blick zurück nach Sóller ist faszinierend.

Es geht immer noch relativ steil bergauf. Nach weiteren 10 Minuten haben Sie aber die steilsten Passagen der Etappe geschafft. Es öffnet sich nun ein großer Kessel. Die Landschaft ist sehr karstig und oft weht ein kalter, schneidender Wind.

Es geht zunächst eben weiter. Der Weg, der jetzt nur noch ein schmaler Pfad ohne Pflasterung ist, führt um einen tiefen Taleinschnitt herum. Sie stoßen an ein Tor mit einem Hinweis auf gefährliche Stiere und dem Verbot, das Tor zu passieren. Dennoch müssen Sie hier durch. Einen anderen Weg gibt es nicht. Und zu Ihrer Beruhigung sei gesagt, daß das Tor an manchen Tagen von mehr als 100 Wanderern passiert wird, denn diese Strecke ist ein beliebter Wanderweg.

Wenn Sie auf Ihrem weiteren Weg nach rechts schauen, sehen Sie dort einen interessanten Felsen mit einem Durchbruch, den man mit etwas Phantasie für einen Elefantenkopf halten kann.

Gut fünf Minuten nach dem Tor kommen Sie an einem Wasserbecken an eine nach rechts führende Abzweigung. Hier geht es hinauf auf den **es Cornador** (1.009 m) und den **Mirador de l'Ofre**. Verwechseln Sie den Mirador de l'Ofre, der ein schön angelegter Aussichtspunkt ist, nicht mit dem weiter nordöstlich liegenden Berg l'Ofre, an dessen Fuß der Weitwanderweg direkt vorbeiführt. Folgerichtig dürfen Sie hier auch nicht nach rechts gehen, wenn Sie zum Stausee wollen. Rechts entlang gelangen Sie wieder zurück nach Sóller.

Sie gehen an der Abzweigung also weiter geradeaus und erreichen nach kurzer Strecke den Hintereingang zur **Finca l'Ofre**. Der Weg über die Finca ist verboten, weshalb eine schöne Umgehung geschaffen wurde. Wenden Sie sich vor dem Tor nach links, wo es über einige steile Stufen aufwärts geht.

Oben angekommen, stehen Sie am Rande eines schönen, großen Hochtales und direkt vor Ihnen, an der steil abfallenden Kante, bietet sich eine besonders gute Aussicht hinunter nach Sóller.

Sie wandern jetzt weiter aufwärts auf einem breiten Fahrweg auf den 1.090 m hohen, kegelförmigen l'Ofre zu. In einer Rechtskurve zweigt nach links ein Pfad ab, der einige Schleifen des Fahrweges abkürzt. Ein roter Pfeil weist auf die Abkürzung hin. Das Gelände ist jetzt zunehmend bewaldet, Steineichen und Kiefern dominieren. Knapp 30 Minuten hinter dem Aussichtspunkt erreichen Sie den 890 m hohen **Coll de l'Ofre** am Fuße des gleichnamigen Berges. Von hier aus können Sie zum ersten Mal den Stausee Cuber sehen. Die Paßhöhe ist mit einem Steinkreuz markiert, das auf einer Steinpyramide steht.

Direkt am Paß lohnt sich kaum eine Rast. Gehen Sie deshalb, kurz bevor Sie das Steinkreuz erreichen, nach links abwärts. Etwa 50 m weiter kommen Sie zu einem sehr schönen Aussichtspunkt mit Blick auf Sóller. Hier kann man es bei gutem Wetter lange aushalten. Sogar ein Münzfernrohr wurde an diesem exponierten Platz vor längerer Zeit aufgestellt. Sein Zustand zeigt allerdings an, daß sich schon seit Jahren niemand mehr um das optische Gerät gekümmert hat.

☺ Obwohl die heutige Etappe sehr lang ist, empfehle ich einen Abstecher auf den 1.090 m hohen **l'Ofre**, der hin und zurück etwa 1 ¼ Stunden dauert. Etwa 50 m vor dem Paß (von Sóller kommend) zweigt nach rechts ein Weg ab. Gut 15 Minuten später erreichen Sie eine weitere Abzweigung. Hier sind auf zwei großen Felsblöcken Markierungen in blauer Farbe angebracht. Folgen Sie nun dem Weg, der von Zeit zu Zeit blau markiert ist über die Südwestflanke bis zum Gipfel. Vom Gipfel aus bietet sich ein wundervolles Panorama. Bei klarer Sicht sehen Sie die beiden nordöstlich liegenden Stauseen, die im Nordwesten liegende Bucht von Sóller und im Süden sogar die Bahia (Bucht) von Palma. Ein Rastplatz, der den Aufstieg wirklich lohnt. Der Abstieg führt über den gleichen Weg.

Bis zum Stausee geht es jetzt nur noch abwärts. Sie können weiter die Schotterpiste entlang gehen oder besser unmittelbar hinter der Paßhöhe nach links auf einen kleinen Pfad abzweigen. Er führt durch Kiefernwald abwärts und trifft nach knapp 10 Minuten an einer Finca wieder auf den Schotterweg, wo Sie weiter nach links gehen.

Der Weg führt nun durch Gelände, in dem Aufforstungen und andere Natur- und Landschaftsschutzmaßnahmen durch staatliche Organisationen vorgenommen werden. Sie passieren mehrere Steinmauern, die mit Stiegen versehen sind oder durch Tore gequert werden können, und eine unbewirtschaftete Hütte am Rande des Stausees. Etwa 40 Minuten hinter der Paßhöhe haben Sie die Staumauer des Cuber erreicht.

Wenn Sie die Etappe abbrechen wollen, gehen Sie die Schotterpiste weiter und erreichen in 10 Minuten einen Parkplatz direkt an der C 710. Die Gegend um die beiden Stauseen ist bei Touristen und Einheimischen sehr beliebt, weshalb dieser Parkplatz und ein weiterer, der etwa 100 m Richtung Gorg Blau liegt, auch außerhalb der Hauptsaison von Pkw-Fahrern oft angesteuert wird. Mitfahrgelegenheiten sind also vorhanden.

Der **Cuber** und der etwas weiter nordöstlich liegende **Gorg Blau** sind die beiden einzigen Stauseen auf Mallorca. Die Seen liegen in zwei Hochtälern zwischen den höchsten Bergen der Insel, dem Puig Major, dem Massanella und dem l'Ofre. Bis zur Flutung im Jahre 1972 standen in den Tälern zwei Fincas. Bei Niedrigwasser sind noch Mauerreste zu sehen.

Die Seen dienen nicht der Energiegewinnung, sondern der Trinkwasserversorgung der Hauptstadt Palma. Die Wasserversorgung Palmas allein aus Tiefbrunnen in der Ebene ist schon seit Jahrzehnten nicht mehr gesichert. Darüber hinaus ist das Tiefbrunnenwasser von schlechter Qualität. Es ist, besonders nach

Am Stausee Cuber, im Hintergrund erhebt sich der Puig Mayor

Blick vom Mirador de ses Bargues auf Port de Sóller (S.65)

längerer Trockenheit, salzig und sehr kalkhaltig. Um die Qualität des Trinkwassers zu erhöhen, wird das Tiefbrunnenwasser mit dem Wasser aus den Stauseen vermischt.

Vom Cuber wird das Wasser durch Rohre bis zu einem Wasserwerk nach Lloseta westlich von Inca geleitet, wo es dann aufbereitet wird. Der Rest dieser Etappe führt über eine längere Strecke an der Wasserleitung entlang.

Der Cuber ist der kleinere der beiden Stauseen. Er hat ein Fassungsvermögen von etwa 4,6 Millionen Kubikmeter (Gorg Blau etwa 8 Millionen Kubikmeter). Die Staumauer ist 18 m hoch (Gorg Blau 35 m) und im Schnitt 8 m (Gorg Blau 11 m) tief.

Beide Seen sind durch einen 5 km langen Betonkanal miteinander verbunden. Über diesen Kanal wird das Wasser vom tiefer gelegenen Gorg Blau in den Cuber gepumpt, von wo aus es dann über Lloseta nach Palma kommt.

Da die Seen der Trinkwasserversorgung dienen, ist Baden und Camping streng verboten.

Bevor Sie jetzt weiter Richtung Tossals Verds wandern, überprüfen Sie die Funktionstüchtigkeit Ihrer Taschenlampe.

Der weitere Weg führt zunächst über die Staumauer und gleich hinter dem Trafohäuschen rechts auf den abwärts führenden Weg. Es geht in ein enges Tal hinein zwischen dem Massiv der Tossals Verds und den nördlichen Ausläufern der Serra de Alfabia. Links des Weges steigen mehr oder weniger kahle Felsen auf und rechts geht es steil abwärts. Der schmale Pfad ist mit losem Schotter bedeckt, und an den steileren Stellen müssen Sie aufpassen, daß Sie nicht wegrutschen.

Nach kurzer Zeit führt der Pfad hinunter ins Tal **Torrent d'Almedrà**, wo Sie unter einem großen Feigenbaum den zugehörigen Bach, der allerdings nur selten Wasser führt, überqueren. Gleich dahinter geht es parallel zur Wasserleitung steil hinauf auf ein kleines Plateau. Der Blick zu den über 1.000 m hohen Gipfeln der Tossals Verds ist beeindruckend.

Hinter dem Plateau geht es wieder steil bergab, bis Sie etwa 30 Minuten hinter der Staumauer den ersten Tunnel erreichen. Er ist noch kurz, dennoch empfiehlt sich der Gebrauch der Taschenlampe, weil der Untergrund uneben ist und man ohne ausreichende Beleuchtung leicht ins Stolpern kommen kann. Nur wenig später erreichen Sie den zweiten, längeren Tunnel. Hier sind Sie auf die Taschenlampe angewiesen.

Zum Ende hin wird der Tunnel niedriger, so daß man sich leicht am Fels den Kopf stoßen kann.

Hinter dem zweiten Tunnel wird der Pfad besser. Loses Geröll ist verschwunden, die Oberfläche ist jetzt fest. Während die Vegetation bis hierher eher karg war und Dißgras und niedrige Stauden das Bild prägten, wachsen jetzt vereinzelt hohe Kiefern und Steineichen.

Knapp 10 Minuten hinter dem zweiten Tunnel erreichen Sie den dritten. Einem Hinweis am Tunneleingang kann man entnehmen, daß man sich auf Privatgelände befindet und der Eigentümer eine Maut von 500 Pts fordert. Allerdings habe ich noch nie jemanden angetroffen, der kassierte, oder irgendwo eine Sammelbüchse oder ähnliches entdeckt.

Also Geld gespart und weiter zu den letzten beiden Tunneln, die Sie nach wenigen Minuten erreichen. Am Ende des letzten Tunnels müssen Sie ein Gatter überqueren. Hier erreichen Sie einen unbefestigten Fahrweg, der in einem weiten Bogen hinunter ins Tal Gorg de na Maria führt, von wo aus es dann nicht mehr weit bis zur Berghütte ist.

Aber zunächst einmal müssen Sie hinunter ins Tal. Nur wenige Meter hinter dem letzten Tunnel zweigt rechts ein schmaler Pfad ab, der zur Finca Solleric führt. Sie bleiben aber weiter auf dem breiten Fahrweg, wo die Wanderung nach dem schwierigen Abschnitt über Geröllstrecken nun ein leichter Spaziergang durch lichten Steineichen- und Kiefernwald sowie Olivenpflanzungen ist.

Bald kommen Sie an eine nach rechts führende, mit einer Kette versperrten Zufahrt zur Finca Solleric. Sie bleiben aber weiter auf dem Fahrweg, der sich langsam wieder Richtung Norden wendet, bis Sie an ein Gatter gelangen, das über eine links angebrachte Stiege umgangen werden kann. Gleich dahinter überqueren Sie über eine Holzbrücke erneut den Torrent d'Almedrà und stoßen dort auf eine betonierte, einspurige Straße.

Sie befinden sich jetzt am nördlichen Ende des **Gorg de na Maria**, einer malerischen Schlucht. Nach rechts geht es durch das Tal bis zur Finca Almedrà und von dort weiter auf einer öffentlichen Straße bis Lloseta.

Nun steht der letzte Anstieg zur Berghütte bevor, die Sie in etwa 20 Minuten erreichen. Durch aufgelassene Olivenplantagen geht es auf dem Fahrweg links aufwärts. Nach 10 Minuten zweigt rechts ein ausgeschilderter Pfad ab, der über einen teilweise neu gepflasterten Weg eine Schleife der Straße abkürzt. Durch terrassierte Olivenhaine führt er teilweise steil bergan. Unmittelbar unterhalb des Eingangs zum Gelände der **Refugi Tossals Verds** trifft er wieder auf den Fahrweg. An der Hütte haben Sie das Ziel der heutigen Etappe erreicht.

Refugi Tossals Verds

- Refugi Tossals Verds, 07360 Lloseta, ☎ 182027 + ☎ 173638, FAX 173640, 30 Betten, ganzjährig. Bett im Schlafsaal 1.100 Pts, Doppelzimmer für 2 Personen 4.375 Pts.

Die erst vor kurzem vollkommen renovierte Berghütte Tossals Verds liegt auf einer Höhe von 540 m am Rande des gleichnamigen Gebirgsmassivs. Hütte sowie ein Großteil der umliegenden Ländereien ist Staatseigentum. Die Regierung der Balearen hat viel Geld zur Renovierung der Hütte und für landschaftspflegerische Maßnahmen in der Umgebung investiert. Neben den eigentlichen Baumaßnahmen werden die Mittel für Naturschutz und Landschaftspflege ausgegeben. Vorgesehen ist, daß die Hütte nicht nur Wanderern und Naturfreunden als Unterkunft dient, sondern auch zu einem Zentrum wissenschaftlicher Forschung wird.

3

Mallorcas einzige bewirtschaftete Berghütte, die Refugi Tossals Verds

3

Die Hütte hat drei Schlafsäle mit 8 bzw. 12 Betten und ein Doppelzimmer. Bettzeug kann ausgeliehen werden. Ausreichend sanitäre Anlagen sind vorhanden. Neben Frühstück (425 Pts) wird auch ein einfaches, aber schmackhaftes Mittag- und Abendessen (1400 Pts) angeboten.

Besonderes Augenmerk verdient die Vegetation um die Hütte. In diesem zentralen Teil der Tramuntana finden sich die meisten der wildwachsenden Arten des Gebirges, da es eine Fülle unterschiedlicher Lebensraumtypen gibt. So sind hier viele Arten heimisch, die nur auf den Balearen vorkommen. Zu diesen sog. endemischen Arten gehören z.B. der Balearenkohl (*Brassica balearica*), das Balearen Krokus (*Crocus cambessedesii*), der Dornige Ginster (*Genista majorica*), das Balearen Johanniskraut (*Hypericum balearicum*), das Balearen Leimkraut (*Silene mollissima*) oder der Ludwig-Salvator Kreuzdorn (*Rhamnus ludovici-salvatoris*).

Gepflegt werden hier auch alte Olivenarten wie z.B. Sevellines Mallorquines, Mansanilles, Alfarforenques oder Moriques, die in früheren Zeiten eine wirtschaftliche Bedeutung hatten, dann aber mehr und mehr ertragreicheren oder einfacher zu bewirtschaftenden Sorten weichen mußten. Im Landgut wird nun versucht, diese alten Arten zu erhalten und ihnen neue Absatzmärkte zu eröffnen.

4. Tossals Verds - Lluc

4

⌛ 4 Std., ca. 2½ Std. bis zur Paßhöhe, von dort 1½ Std. zum Kloster.

⇧ Aufstieg ca. 650 m, Abstieg ca. 700 m

⇔ ca. 14 km

▶ Die Wanderung verläuft auf einfachen Bergpfaden und Schotterpisten teilweise steil bergan. Trittsicherheit und Schwindelfreiheit ist nicht erforderlich. Am Coll de Massanella weht oft ein starker Wind und unvermittelt kann Nebel aufziehen.

Wenn Ihnen die Gesamtstrecke zu lang ist, können Sie die Etappe am Stausee Cuber abbrechen. Dazu gehen Sie an der Abzweigung zur Font des Prat Richtung Font des Nogue weiter, wo Sie über den Coll des Coloms nach knapp 45 Minuten einen Parkplatz an der C 710 erreichen. Von dort kommen Sie per Anhalter weiter bis Lluc.

Wegen zunehmender Verschmutzungen sowie Zerstörungen durch Touristen hat der Besitzer des Gutes "Coma Freda", dem die Ländereien um die Finca herum gehören, einen Wachmann eingestellt, der für Ordnung sorgt und den Weg instand hält. Dafür verlangt er Eintritt, der für Erwachsene 500 Pts und für Kinder 300 Pts beträgt. Der Wachmann ist meist im Gelände unterwegs und kassiert ab, wenn er auf die Wanderer trifft.

✖ Keine durchgehende Markierung. An manchen Abzweigungen Hinweisschilder, sonst stellenweise Steinmännchen oder rote Farbmarkierungen. Auf dem Abschnitt zwischen Font des Prat und Coll de Massanella ist von Zeit zu Zeit ein rotes "M" auf Felsen aufgemalt. Der Wegverlauf ist aber bis auf eine Stelle eindeutig und nicht zu verfehlen.

4

Diese Etappe gehört mit zu den eindrucksvollsten Touren überhaupt, die man auf Mallorca unternehmen kann. Insbesondere der Coll de Massanella bietet bei An- und Abstieg ein faszinierendes Panorama. Aber auch im ersten Teil der Strecke, die am Rande der Tossals Verds verläuft, bieten sich dem Wanderer beeindruckende Ausblicke.

Sie starten an der Berghütte und gehen links an ihr vorbei auf ein Holztor zu, hinter dem Sie auf einen steinigen, steil ansteigenden Pfad kommen. Gut 5 Minuten später, Sie haben jetzt einen schönen Blick auf die unter Ihnen liegende Hütte, erreichen Sie eine ausgeschilderte Abzweigung.

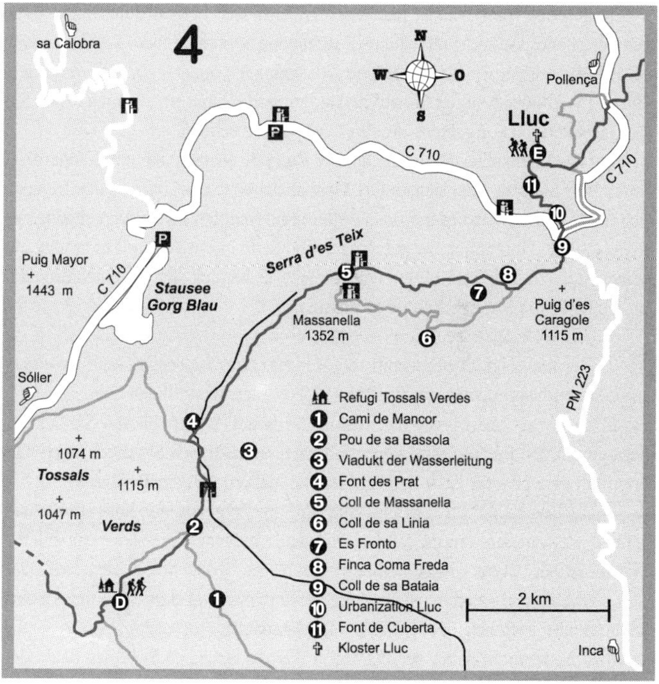

Sie können hier beide Wege benutzen. Links führt er durch das Tal über terrassierte Olivenpflanzungen und rechts geht es in größerer Höhe am Talhang entlang. Beide Wege vereinigen sich nach etwa 30 Minuten wieder, wobei Sie für die Route durch das Tal fünf Minuten mehr einplanen müssen. Ich bevorzuge die Strecke entlang des Talhanges, weil man von dort wesentlich schönere Ausblicke hat.

Die Strecke im Tal wird offensichtlich nur wenig begangen, weil sich der Pfad stellenweise immer wieder in Gestrüpp und Gras verliert. Eine Gefahr, sich zu verlaufen, besteht aber nicht.

Wenn man dem Taleinschnitt immer aufwärts folgt, stößt man unweigerlich wieder auf die andere Wegvariante.

Entlang des Hanges führt der Weg zunächst steil bergan durch mehr oder weniger offenes Gelände mit vereinzelt stehenden Bäumen. Etwa 15 Minuten hinter der Abzweigung erreichen Sie eine Trockenmauer, die erst kürzlich restauriert wurde. Ein Durchlaß bringt Sie auf die andere Seite. Links unter Ihnen sehen Sie das terrassierte Tal, durch das die Alternativstrecke verläuft.

Fünf Minuten später zweigt rechts der Cami de Mancor ab, ein Wanderweg, der in zwei Stunden zum kleinen Ort Mancor del Valle am Südhang der Tramuntana führt. Von hier sind es nur noch weitere fünf Minuten bis zur Vereinigung der beiden Wege. Dort sehen Sie auf der rechten Seite in etwa 30 m Entfernung ein kleines Steingebäude, das wie ein Iglu aussieht. Es handelt sich um einen Brunnen mit einer Viehtränke, den **Pou de sa Bassola**.

Der nun folgende Abschnitt, der durch lichten Steineichenwald auf einem teilweise mit Natursteinen gepflasterten Weg erfolgt, bietet Ihnen einmalige Ausblicke. Links ragt das Massiv der Tossals Verds auf, voraus blicken Sie auf das Gebirge um den Puig de Massanella und nach rechts haben Sie durch einen Taleinschnitt eine phantastische Aussicht auf die mallorquinische Tiefebene.

Voraus und später zur rechten Hand wird am Berghang nun bald ein Viadukt sichtbar, der zu einer um die Jahrhundertwende gebauten Wasserleitung gehört, über die früher Wasser von der Font des Prat bis nach Mancor geleitet wurde. Der Weg schwenkt mehr und mehr Richtung Westen und folgt dem Verlauf des tiefen Taleinschnitts zwischen Tossals Verds und Massanella.

Etwa 20 Minuten hinter der Pou de sa Bassola erreichen Sie einen Bach, der von der Quelle des Prat gespeist wird. Er wird über Steine im flachen, meist trokkenen Bachbett gequert.

☺ Etwas rechts versetzt finden Sie einen alten Köhlerplatz, wo sich gut Rast machen läßt. Von hier führt ein kleiner Pfad zum Wasserkanal. Wer schwindelfrei und trittsicher ist, kann dort ein Stück auf dem Äquadukt entlang wandern.

Der Wanderweg verläuft aber weiter am Bach entlang und führt schon nach wenigen Metern über eine Holzbrücke erneut auf die andere Uferseite. Jetzt wandern Sie noch gut fünf Minuten, immer noch leicht aufwärts, bis Sie zu einer ausgeschilderten Verzweigung kommen.

Nach links gelangen Sie in einer ¾ Stunde zu den Parkplätzen am Stausee Cuber, wo Sie die Wanderung beenden können.

Wanderer auf einem gut erhaltenen Eselspfad

Wenn Sie dem Wegweiser Richtung Font des Prat durch dichten Steineichenwald folgen, passieren Sie einen Köhlerplatz und erreichen schon nach kurzer Zeit eine Steinbrücke über den Torrent des Prat. Einige Schritte weiter liegt die, allerdings unscheinbare Qelle **Font des Prat**.

Um von hier zum Paß zu gelangen, benötigen Sie etwa noch eine Stunde und 10 Minuten. An dieser Stelle ist der Wcgverlauf das einzige Mal auf dieser Tagesetappe etwas unklar. Gehen Sie über die Brücke und dann möglichst geradeaus weiter. Auf einem Felsen kann man eine eben noch zu erkennende Markierung sehen. Gehen Sie weiter rechts an dem Köhlerplatz vorbei. Kurz dahinter kann man dann einen undeutlichen Pfad ausmachen, der aber schnell besser sichtbar wird.

Es geht nun durch dichten Kiefern- und Steineichenwald erst langsam und später immer steiler aufwärts. Sie passieren eine weitere Köhlerstelle und gehen zwischen einer Mauer mit einem aufgemalten, roten "M" durch. Nun wird der Anstieg langsam steiler. An einem weiteren Köhlerplatz öffnet sich der Wald etwas, und zum ersten Mal können Sie die Serra des Teix, einen über 1.200 m hohen Höhenzug im Westen des Puig de Massanella sehen.

Kurz darauf passieren Sie eine Quelle. Der Wald wird nun lichter, und man hat einen schönen Blick zurück Richtung Puig Major. Links liegt die Serra des Teix und rechts das Massanella-Massiv. Der Pfad beschreibt nun eine Richtungsänderung nach rechts (Osten). Von hier aus kann man bereits den Paß zwischen Massanella und Serra des Teix sehen. Er sieht relativ nah aus, ist aber immer noch eine halbe Stunde Fußweg entfernt.

Je höher Sie steigen, desto rarer werden die Bäume und Dißgras wird zum bestimmenden Vegetationsmerkmal. Von Zeit zu Zeit verzweigt sich der Pfad zwischen dem hohen Gras, läuft aber immer wieder zusammen. Das Panorama ist grandios und wird vom mächtigen Massanella dominiert. Störend ist der schneidende Wind, der oft durch den Taleinschnitt fegt.

Etwa 10 Minuten vor der Paßhöhe erreichen Sie eine erste Trockenmauer. Im Windschatten der Mauer, direkt unter dem Gipfel der Massanella, läßt sich gut rasten.

Auch auf der Paßhöhe selbst steht eine Trockenmauer. Bei klarer Sicht und wenig Wind sollte man mit der Pause noch bis zum Paß warten, denn von hier aus hat man einen unvergleichlichen Ausblick in beide Richtungen. Der Blick zurück über die bereits gelaufene Wegstrecke ist nun zwar nicht mehr neu, aber immer noch eindrucksvoll. Besonders faszinierend ist aber die Aussicht nach Osten auf die Bucht von Alcúdia.

Hinter der Paßhöhe geht es auf einem breiten Pfad ziemlich steil bergab. Nach fünf Minuten erreicht man die ersten Schneehäuser, die teilweise renoviert wurden. Bei stärkerem Wind kann man für eine Rast auch hier Schutz suchen.

Von nun an geht es weiter auf einem Feldweg abwärts. Schon bald wird tief unten in einem Talkessel die Finca Coma Freda sichtbar, dahinter der Puig d'es Caragole, der bei Sonnenschein hell weiß strahlt, und noch weiter die Bucht von Alcúdia. Je tiefer Sie absteigen, desto mehr verschwindet Alcúdia hinter den Bergen aus Ihrem Gesichtsfeld.

Knapp 40 Minuten unterhalb der Paßhöhe passieren Sie in einer Kehre eine Quelle, die fast das ganze Jahr über frisches Wasser spendet. Kurz darauf ist auch die Baumgrenze erreicht. Zunächst gelangen Sie in Steineichenwald, der dann Kiefernwald weicht.

Etwa 15 Minuten hinter der Quelle stehen Sie an einer Mauer zur Finca. Sie gehen hier weiter rechts und passieren gleich eine rechts liegende Wasserstelle. Kurz darauf erreichen Sie erneut eine Gabelung, wo Sie sich links abwärts halten.

Sie gehen dann an den links liegenden Gebäuden der **Finca Coma Freda** vorbei. Zurück kann man von hier aus nochmals einen Blick auf den Paß werfen. Durch einen großen Mauerdurchlaß erreichen Sie einen Waldweg, den Sie nach links gehen müssen. Rechts entlang der Mauer führt der Pfad hinauf auf den Puig de Massanella (☞ Wegbeschreibung am Ende dieses Kapitels).

Bis zum Coll des sa Bataia an der PM 213 sind es von hier noch gut 15 Minuten. Sie gehen den Fahrweg durch Steineichenwald, in den locker Kiefern eingestreut sind, abwärts und gelangen an ein Eisentor. Eine Stiege links erleichtert das Passieren. Am Tor ist der Hinweis angebracht, daß für den Durchgang eine Maut verlangt wird.

Zehn Minuten später erreichen Sie eine Mehrfachgabelung. Hier gehen Sie links und passieren kurz darauf eine links liegende Wasserstelle. Nun sind es nur noch fünf Minuten, bis Sie durch eine weiteres Tor die Hauptstraße erreichen. Sie gehen dort links über die Brücke und sind hinter der Kurve auf dem Paß **Coll de sa Bataia,** der 579 m über Meeresniveau liegt. Rechts liegen die Tankstelle und das Restaurant, das vor allem bei Radlern sehr beliebt ist.

Für den Rest der Etappe bis zum Kloster benötigen Sie jetzt noch etwa 20 Minuten Gehzeit. Etwa 50 m hinter dem Paß stoßen Sic auf die C 710, die rechts abwärts über Lluc nach Pollenca führt und geradeaus weiter über den Cuber nach Sóller. Sie können hier entlang der Hauptstraße zum Kloster wandern. Besser ist es aber, an der Gabelung auf die Asphaltstraße jenseits der Hauptstraße zu gehen und dann durch die kleine Siedlung Urbanization Lluc auf nahezu autofreier Straße abwärts bis zum Kloster.

✋ Gehen Sie auf der Straße zunächst in die gleiche Richtung, in die auch die Hauptstraße Richtung Sóller verläuft. Sie kommen dann durch die Siedlung, die stellenweise wie ausgestorben ist. Sie erreichen das Klostergelände oberhalb der Parkplätze am Restaurant "Font de Cuberta" unmittelbar neben der gleichnamigen Quelle.

Lluc 07315

- Im Hauptgebäude des Klosters ist ein Informationsbüro eingerichtet worden. Hier erhalten Sie auch die Zimmerschlüssel. Reservierungen werden ebenfalls über dieses Büro abgewickelt: Santuari de Lluc, ☏ 517025, FAX 517096, ganzjährig täglich.
- Polizei ☏ 517005.
- Verbindung über Inca nach Palma. Nur im Sommer Verbindung nach Pollença und Sóller sowie eine weitere Linie nach sa Calobra.
- Unterkunft bietet nur das Kloster. Hier finden in etwa 150 Zwei-, Drei- und Vierbettzimmern bis zu 500 Gäste in ehem. Mönchszellen Platz. Die teilweise geräumigen Zimmer sind einfach eingerichtet, haben jedoch Dusche und WC. Inzwischen stehen auch einige Apartments mit eigener Küchenzeile zur Verfügung. Übernachtung ab DM 18 ohne Frühstück.
- ☺ Da das Kloster oft bis auf den letzten Platz ausgebucht ist, sollten Sie Ihre Unterkunft unbedingt im voraus buchen. Dies gilt insbesondere für die Wochenenden und Feiertage. Reservierungen und Buchungen über das Informationsbüro im Kloster.
- Einfache Möglichkeit zum Zelten auf einem Freizeitgelände in der Nähe des Sportplatzes. Toiletten vorhanden. Im Kloster nachfragen
- Direkt im Hauptgebäude des Klosters ist ein größeres Restaurant, in dem man auch Frühstück erhält. Am Eingang zum Parkplatz gibt es noch ein kleines, aber sehr gemütliches Restaurant mit Bar. Hier trifft man die meisten Wanderer. Das Essen ist sehr schmackhaft und nicht teuer. Besonders zu empfehlen ist Ziegenfleisch mit Gemüse sowie Kaninchen in Zwiebeln. Ein weiteres Restaurant "Font de Cuberta" befindet sich oberhalb des Parkplatzes an der Quelle Font Cuberta.
- ♦ Darüber hinaus gibt es noch in der Urbanisation Lluc oberhalb des Klosters ein Restaurant sowie eines auf der Paßhöhe Coll de sa Batalla direkt neben der Tankstelle an der PM 223, das tagsüber vorwiegend von Radlern aufgesucht wird.
- Lebensmittel erhalten Sie in einem kleinen Geschäft im Klosterbereich.
- BANK Im Hauptgebäude finden Sie einen Bankautomaten.

Wer das Kloster zum ersten Mal besucht, ist oft enttäuscht. Statt der erwarteten Ruhe und Abgeschiedenheit findet man einen geschäftigen Touristenbetrieb vor. Statt in Kutten gehüllter Mönche, die in frommer Andacht ihr Gebet verrichten, trifft man überall fotografierende Touristen an, die lärmend durch das Gelände ziehen. Statt der erwarteten Madonnenstatue in einer Wandnische des

Blick auf das im Tal liegende Kloster Lluc

Klosters wird man von einem Bank- oder Kaffeeautomaten überrascht. Diverse Geschäfte, Cafés und Restaurants verleihen dem Kloster an manchen Tagen eher den Flair eines Bahnhofsgebäudes.

Wer dennoch zum Übernachten bleibt, wird angenehm überrascht sein. Nach dem Abzug der vielen Tagesausflügler kehrt dann endlich die Ruhe ein, die einem solchen Ort angemessen ist.

Das Kloster **Monestir de Lluc** liegt eingebettet in einen Talkessel auf etwa 400 m Höhe abgeschieden in der Serra de Tramuntana. Oberhalb des Klosters wurde an der C 710 eine kleine Siedlung errichtet. Bis auf wenige Häuschen sind die meisten aber schon wieder unbewohnt und die ganze Anlage macht einen verfallenen Eindruck.

Das Kloster selbst ist der bedeutendste **Wallfahrtsort** Mallorcas. An jedem ersten Sonntag im August findet von Palma aus eine große Wallfahrt zum Kloster statt. Bis zu 50.000 Bewohner der Hauptstadt machen sich zu Fuß auf den fast 50 km langen Weg. Aber nur ein Bruchteil erreicht das Kloster. Entstanden ist diese noch relativ junge Wallfahrt während der Franco-Ära, als ein Versammlungsverbot herrschte und der Gebrauch der mallorquinischen Sprache verboten war. Dieser religiöse "Protestmarsch" war erlaubt und diente den Mallorquinern als Demonstration ihrer regionalen Eigenständigkeit.

☺ Wenn es Ihr Zeitplan erlaubt, sollten Sie Lluc möglichst an Wochenenden und Feiertagen meiden. An diesen Tagen pilgern Einheimische und Touristen in großen Massen zum Kloster, das sich dann mehr und mehr in einen Rummelplatz verwandelt. Die Parkplätze sind brechend voll und manchmal wird sogar die Zufahrt zum Kloster gesperrt. Von Ruhe und Abgeschiedenheit ist dann nichts zu spüren.

Das größte religiöse Fest, die **Diada de Lluc**, wird am zweiten Septembersonntag gefeiert. Auch hierzu pilgern mehrere zehntausend Jugendliche aus ganz Mallorca zum Kloster.

Dieses Kloster wurde in der Mitte des 13. Jahrhunderts gegründet und im Lauf der Geschichte mehrfach erheblich zerstört. Der heutige Bau stammt aus dem 17. und 18. Jahrhundert. Anfang der sechziger Jahre wurde es großzügig erweitert. Die schwarze Madonna, **La Moreneta**, stammt unterschiedlichen Angaben zufolge entweder aus dem 13. oder dem 15. Jahrhundert. Die Moreneta steht im Zentrum der Marienverehrung auf Mallorca und ist inzwischen tausendfach kopiert worden.

Das Kloster beherbergt auch ein Internat, in dem die Sängerknaben des **Coro Blauets** (Bläulinge) untergebracht sind. Dieser weit über die Grenzen Mallorcas hinaus bekannte, mehr als 500 Jahre bestehende Knabenchor, wird wegen seiner himmelblauen Meßgewänder so genannt. Der Chor singt jeweils im Anschluß an den Gottesdienst.

In einem Seitentrakt ist ein kleines **Museum** untergebracht. Neben Gebrauchsgegenständen aus mehreren Jahrhunderten und archäologischen Funden sind auch Werke mallorquinischer Kunsthandwerker sowie eine Sammlung schöner Bilder des mallorquinischen Malers Josep Coll Bardolet zu sehen.

Oberhalb des Parkplatzes spendet die **Font Cuberta** "heiliges" Wasser. Die Quelle wird von vielen einheimischen als kostenlose Mineralwasserabfüllstation genutzt.

☺ Das Souvenirgeschäft rechts vom Haupteingang hat ein umfangreiches Angebot an Büchern, Reise- und Wanderführern sowie Karten, z.T. auch in deutscher Sprache.

Wandertips in der Umgebung

Aufstieg auf den Massanella (1.352 m)

⌛ ca. 6 Std.

⇧ ca. 800 m

⇔ ca. 16 km

▶ Trittsicherheit, Schwindelfreiheit und gute Kondition erforderlich; im Gipfelbereich weht oft ein heftiger, kalter Wind.

✖ Rote Farbtupfer oder Pfeile auf Felsen, im Gipfelbereich Steinmännchen.

Zweithöchster Gipfel Mallorcas ist der **Puig de Massanella**. Er wird nur noch vom Puig Major übertroffen, dessen Gipfelregion allerdings militärisches Sperrgebiet ist und nicht betreten werden darf. Der Doppelgipfel des Puig de Massanella ist daher der höchste Punkt Mallorcas, der von Wanderern erreicht werden kann. Auch aus diesem Grund ist er ein beliebtes Ausflugsziel. Die Wanderung führt durch eine noch fast unberührte Naturlandschaft und bietet überwältigende Rundblicke über ganz Mallorca bis hin zur Nachbarinsel Menorca.

Der Weg verläuft zunächst über eine asphaltierte Straße, dann über einen unbefestigten Fahrweg und später auf einem steinigen oder felsigen Bergpfad. Der Gipfelanstieg erfolgt über steinige Hänge mit viel Geröll und Felsen. Hier gibt es zwei Möglichkeiten: entweder über die Schnee-Ebene (Pla de sa Neu) oder an der Quelle "Font de s'Avenc" vorbei. Die meisten Wanderer wählen den Aufstieg über die Schnee-Ebene und den Abstieg über die Route entlang der Quelle. Die Route über die Quelle ist deutlich steiler und felsiger.

Startpunkt der Wanderung ist das Restaurant "Font de Cuberta" oberhalb des Parkplatzes beim Kloster. Hinter dem Restaurant beginnt eine asphaltierte Fahrstraße, die zur **Urbanisation Lluc**, einer kleinen Siedlung oberhalb des Klosters, führt. Die Straße windet sich steil in engen Kurven den Hang hinauf. Zurück haben Sie einen schönen Blick auf das Kloster. Nach knapp 1,5 km erreichen Sie die Hauptstraße von Pollença nach Sóller (C 710) an der Abzweigung nach Inca. Gehen Sie hier über die Straße und weiter Richtung Inca. Schon nach wenigen Metern haben Sie den Paß **Coll de sa Batalla** erreicht. Links liegen eine Tankstelle sowie ein Restaurant. Kurz darauf überqueren Sie über eine Steinbogenbrücke ein

Tal, und gleich dahinter geht es durch ein Tor oder einen Mauerdurchlaß rechts davon auf einen unbefestigten Fahrweg.

Der Weg führt durch dichten, schattigen Steineichenwald. Nach wenigen Minuten passieren Sie eine Wasserstelle, und kurz darauf treffen Sie an eine Abzweigung, von der drei Wege abgehen. Geradeaus weiter geht es zur Finca "es Guix". Sie wählen den scharf rechts abknickenden Weg aufwärts. Der **Puig Caragoler**, den Sie zwischen den Bäumen hindurch immer wieder sehen können, liegt jetzt zu Ihrer linken Seite.

> Wegen zunehmender Verschmutzungen sowie Zerstörungen durch Touristen hat der Besitzer des Gutes "Coma Freda", dem die Ländereien gehören, einen Wachmann eingestellt, der für Ordnung sorgt und den Weg instand hält. Dafür verlangt er Eintritt, der für Erwachsene 500 Pts und für Kinder 300 Pts beträgt.

Bald treffen Sie auf ein verschlossenes Tor. Rechts davon führt eine Holzstiege über die Mauer. Dies ist der Eingang zur Finca "Coma Freda".

Sie übersteigen die Mauer und halten sich an der nächsten Abzweigung rechts. Voraus liegt **es Fronto** (1.055 m), der östliche Ausläufer des Massanella. Bald wird zwischen den Bäumen die Finca sichtbar, und Sie gelangen an eine Steinmauer mit einer Durchfahrt.

Hier verlassen Sie nach links entlang der Mauer den Fahrweg, auf den Sie später wieder stoßen. Der Pfad ist anfangs noch breit, wird aber schnell schmaler. An den Überresten von Köhlerhütten vorbei erreichen Sie wieder den Fahrweg, wo es links weiter geht. Auch auf diesem Weg, der weiter durch Steineichenwald führt, kommen Sie an den ehemaligen Wohn- und Arbeitsplätzen von Köhlerfamilien vorbei.

4 Sie umgehen nun Es Fronto auf seiner Südseite. Auf der linken Seite liegt der 1.038 m hohe **Puig de n'Ali**. Die Abzweigung zum Bergpfad vom Fahrweg am **Col de sa Linia** (832 m) ist nicht zu verfehlen. Auf einer Lichtung ist sie durch zwei Betonsäulen markiert, die u.a. mit Richtungspfeilen zum Gipfel (Puig) versehen sind.

Hier beginnt der eigentliche Gipfelanstieg, der zunächst noch auf einem gut ausgetretenen Bergpfad durch dichten Steineichenwald führt. In zahlreichen Serpentinen windet sich der Pfad steil bergauf. Je höher Sie kommen, desto lichter wird der Wald, und die Blicke ins Tal werden immer faszinierender.

Wanderer am Fuße des Massanella

Nächster markanter Punkt ist eine dreikantige Steinsäule, die die Abzweigung zur Quelle Font de s'Avenc markiert. Sie gehen hier rechts. Der Wald wird immer lichter. Auffälligste Pflanzen sind nun die großen Polster von Dißgraß, Rosmarin, Wolfsmilch und einiger dorniger Sträucher.

Nach einem steilen Anstieg haben Sie den äußeren Rand der Hochebene **Pla de sa Neu** (Schnee-Ebene) am Fuß der beiden Gipfel erreicht. Wie man sich denken kann, verdankt die Ebene ihren Namen der Tatsache, daß hier im Winter häufiger Schnee liegt. Darauf deuten auch die Überreste der Schneehäuser hin, die man im Osten der Ebene sehen kann. Weiter fällt eine Eibe auf, die sich beim näheren Hinsehen aber als zwei voneinander getrennte Einzelbäume entpuppt.

Sie wandern nun eine Zeitlang auf der Ebene auf einem ausgetretenen Pfad auf die beiden Gipfel zu, wobei der linke (der niedrigere) von hier aus höher erscheint. Am Ende der Ebene geht es über Geröll und Felsen steil bergauf auf den rechten der beiden Gipfel. Halten Sie sich an die roten Farbmarkierungen und die zahlreichen Steinmännchen. Etwa nach einem Drittel der Strecke sieht man die Gipfelsäule und jetzt ist auch zu erkennen, daß der rechte Gipfel der höhere von beiden ist.

Oben angekommen, haben Sie einen unvergleichlichen Rundumblick aus 1.352 m Höhe, der für den schweißtreibenden Aufstieg mehr als entschädigt. Ganz Mallorca liegt Ihnen zu Füßen. Bei klarer Sicht können Sie die ganze Insel überblicken und sogar im fernen Dunst die Nachbarinsel Menorca erkennen.

Der Abstieg erfolgt zunächst auf der gleichen Strecke. Halten Sie nach einer dreikantigen, etwa 50 cm hohen Steinsäule Ausschau, die am Westrand des Plateaus steht. Sie markiert den Weg zur Quelle. Von hier geht es steil bergab über Felsplatten und Geröll zur Font de **s'Avenc**, die in einer düsteren, kühlen Grotte liegt, in die man bequem über Stufen absteigen kann. Das Wasser der Quelle wird in kleinen Becken gesammelt. Vor der Grotte ist genügend Platz für eine ausgiebige Rast. Der Blick ins Tal ist wundervoll, und wenn es zu heiß wird, kann man zum Abkühlen ins natürliche "Kühlhaus" zur Quelle hinabsteigen.

Der Weg führt hinter der Quelle quer über den Hang. Langsam nähern Sie sich wieder der Baumgrenze, und man wird betört vom aromatischen Duft, der schwer in der heißen Luft liegt. Bald führt der Pfad wieder durch dichten Steineichenwald und trifft auf die Abzweigung an der dreikantigen Steinsäule. Von hier aus erfolgt der weitere Abstieg auf der schon vom Hinweg bekannten Route.

Aufstieg auf den Tomir (1.103 m)

- ca. 4½ Std.
- ca. 600 m
- ca. 12 km
- Trittsicherheit, Schwindelfreiheit und gute Kondition erforderlich; zwei Kletterstellen, an denen Stahlseile und Eisentritte Hilfe bieten; im Gipfelbereich weht oft ein heftiger, kalter Wind.
- Rote Farbtupfer oder Pfeile auf Felsen, im Gipfelbereich Steinmännchen.

4

Ebenso wie der Massanella bietet der Tomir von seinem Gipfel in 1.103 m Höhe einen überwältigenden Rundumblick über weite Teile Mallorcas. Er ist der östlichste der über 1.000 m hohen Gipfel, weshalb man von ihm auch einen besonders guten Blick auf die Formentor-Halbinsel und die Buchten von Pollença und Alcúdia hat. Die Strecke verläuft im ersten Teil auf einem unbefestigten Karrenweg, dann weiter auf asphaltierter Straße und schließlich auf einem steilen, steinigen, z.T. felsigen Bergpfad mit zwei leichten Kletterstellen.

Bis zur Finca Binifaldó verläuft der Weg wie in der folgenden Etappe von Lluc nach Pollença beschrieben (☞ 5. Kapitel).

Um zum Tomir zu gelangen, gehen Sie an der Finca vorbei auf der Asphaltstraße weiter aufwärts und erreichen nach knapp 1.000 m einen kleinen Parkplatz vor dem Eingang zur Abfüllanlage des Mineralbrunnens Font des Pedregaret. Das Wasser dieses Brunnens wird überall in der Gegend unter dem Markennamen "Font Binifaldó" verkauft.

Rechts am Tor vorbei führt ein Pfad zwischen einer Steinmauer und dem mehr oder weniger verrotteten Zaun des Betriebsgeländes entlang. Hier beginnt der eigentliche Aufstieg auf den Berg. Im Schatten eines dichten Steineichenwaldes geht es zunächst am Zaun entlang, bis der Pfad kurz vor dem Erreichen eines Geröllfeldes scharf nach rechts abknickt. Sie folgen dem gut ausgetretenen Pfad aufwärts. Schon bald ist die Baumgrenze erreicht und nur noch wenige Pflanzen, die sich den extremen Lebensbedingungen dieser karstigen Landschaft angepaßt haben, können überleben.

Oberhalb eines Geröllfeldes verläuft der Pfad durch eine schmale Klamm sehr steil aufwärts. Stellenweise müssen die Hände zu Hilfe genommen werden. Ein besonders steiles Stück ist mit einem Stahlseil abgesichert. Es führt zu einem Berggrat, hinter dem es nochmals sehr steil am Rande eines Geröllfeldes aufwärts geht. Halten Sie sich hier möglichst rechts an der Felswand. Nun haben Sie bald den schwierigsten Abschnitt des Aufstiegs erreicht: Eine steile, felsige Stelle, die nur mit Hilfe des angebrachten Stahlseiles und der eingelassenen Eisensprossen überwunden werden kann.

Dahinter ist der weitere Aufstieg einfach und schon bald steht man auf dem südöstlichen Ende des Hochplateaus des Tomir. Die karge Fläche ist von wetterfesten Sträuchern, in der Hauptsache Rosmarin, bewachsen. Vor Ihnen liegt der 1.070 m hohe Nebengipfel des Tomir, der an seiner südöstlichen Flanke umgangen wird. Kurz darauf wird der Hauptgipfel sichtbar. Der vom Tal aus so spektakulär wirkende Gipfel sieht von der Hochebene eher aus wie eine kleine Hügelkuppe.

Der Weg zum Gipfel, nun durch Steinmännchen gekennzeichnet, ist nicht mehr weit und schon bald steht man an der Gipfelsäule, die den Vermessungsingenieuren als trigonometrischer Punkt dient. Der Blick in alle Richtungen ist grandios, und mit etwas Glück können Sie vielleicht sogar einen der seltenen Mönchsgeier, die mit fast 3 m Spannweite die größten Raubvögel Spaniens sind, in der Luft segeln sehen.

Vor dem Abstieg, der auf dem gleichen Weg erfolgt, können Sie noch einen kurzen Abstecher zu den Resten eines alten Schneehauses machen, das in etwa 500 m Entfernung östlich des Gipfels liegt.

☺ Neben den beiden oben angegebenen Wanderungen vom Kloster Lluc aus gibt es noch eine ganze Reihe weiterer lohnenswerter Touren, so daß Sie das Kloster durchaus für mehrere Tage als Ausgangsbasis nutzen können.

Cami Vell de Lluc

Der Cami Vell de Lluc vom Kloster über es Barracar und Caimari bis nach Inca ist ein über 700 Jahre alter Pilgerweg, dessen historische Pflasterung streckenweise noch sehr gut erhalten ist. Er kreuzt mehrfach die PM 223, die von Inca nach Lluc führt. Leider verläuft er stellenweise auf dieser asphaltierten, relativ häufig frequentierten Autostraße. Dennoch lohnt die insgesamt etwa 3 ½ stündige Wanderung bis nach Inca durch das im ersten Streckenabschnitt teilweise sehr enge Tal.

Wer eine kürzere Strecke laufen möchte, sollte sich auf den Abschnitt zwischen Lluc und Caimari beschränken. Für Hin- und Rückweg benötigen Sie etwa 4 Stunden. Von Inca oder Caimari aus können Sie den Rückweg mit Bus oder Taxi antreten. Darüber hinaus können Sie von Caimari auch über Binibona und die Finca Aucanella zum Kloster zurück wandern. Für diese Tour durch die westlichen Ausläufer der Serra Pas d'en Bisquerra, zu der der Tomir gehört, benötigen Sie ca. 4 Stunden.

Rundtour um den Puig Roig

4

Die Wanderung um den Puig Roig führt über Privatgelände und ist von den Besitzern nur am Sonntag erlaubt. Darüber hinaus wünschen sie, daß die Rundtour entgegen dem Uhrzeigersinn durchgeführt wird.

Die Tour ist lang (ca. 6 Stunden Gehzeit) und erfordert ausreichend Kondition. Sie führt über felsige Pfade mit Geröll. Trittsicherheit und Schwindelfreiheit sind erforderlich.

Der Weg um den 1.003 m hohen Puig Roig gehört zu einer der schönsten Wanderungen, die auf Mallorca möglich sind. Neben der atemberaubenden Landschaft gehören auch die **Höhlenwohnungen der Finca es Cosconar** zu den Highlights dieser Tour.

Rast auf dem Puig Tomir mit Aussicht auf die Bucht von Pollença (S. 96)

Die Rundwanderung führt über die Finca Mossa, den 627 m hohen Eselspaß, den 680 m hohen Segarra-Paß, vorbei an den Ruinen einer ehemaligen Polizeikaserne bis zu den Höhlenwohnungen der Finca es Cosconar. Von dort geht es über die Finca son Llobera zurück zum Kloster.

Von Mortitx zu den Hexenhöhlen

Die Tour verläuft auf steinigen, stellenweise steilen Pfaden. Obwohl die Strecke teilweise mit roten Farbmarkierungen oder Steinmännchen markiert ist, ist der Wegverlauf nicht immer klar zu erkennen, so daß ein gewisser Orientierungssinn erforderlich ist.

An der Höhle der Hexen angekommen, ist absolute Schwindelfreiheit Voraussetzung. Ansonsten sollten Sie trittsicher sein und genügend Kondition für die etwa fünfstündige Wanderung mit einem Höhenunterschied von etwa 400 m haben.

Die Wanderung führt durch eine nahezu unberührte Landschaft, die durch eindrucksvolle Felsformationen geprägt ist. Ziel ist die **Cova de ses Bruixes**, die Höhle der Hexen an der steil abfallenden Küste.

Die Tour beginnt an der C 710 zwischen Lluc und Pollença an der Einfahrt zur Finca Mortitx bei km 10,9. Wenn Sie dem Busfahrer rechtzeitig Bescheid sagen, hält er an dieser Stelle. Für einen Mietwagen gibt es nur beschränkte Parkmöglichkeiten.

Klettertour durch den Torrent de Pareis

Diese Tour darf nur im Sommer oder frühen Herbst unternommen werden. Nach Regenfällen verwandelt sich das Torrent in einen wilden Sturzbach, der alles mit sich reißt und zur tödlichen Falle werden kann.

In der engen Schlucht sind einige, etwa 2 m hohe Steilstufen zu überwinden, für die ein 4 bis 5 m langes Seil hilfreich ist. Diese Stufen sind ohne Hilfsmittel nur abwärts zu überwinden. Sie können also nicht mehr umkehren. Schwindelfreiheit, Trittsicherheit und ausreichende Kondition werden vorausgesetzt. Unternehmen Sie die Tour nie allein.

Eine Klettertour durch den Torrent de Pareis ist sicher die schwierigste und anspruchsvollste Wanderung, die auf Mallorca möglich ist. Sie führt durch eine schmale Karstschlucht mit 200 bis 100 m senkrecht aufragenden Wänden nach sa Calobra, einem kleinen Touristenort mit einer wundervollen Bucht an der Küste, der bis zum Bau einer atemberaubenden Straße Anfang der dreißiger Jahre von Land aus unzugänglich war und nur von sechs Familien bewohnt wurde.

Die Schlucht selbst ist die zweitgrößte Erosionsschlucht im gesamten Mittelmeerraum. Sie wird nur von der berühmten Samaria-Schlucht auf Kreta übertroffen (S. 107).

4

Es gibt zwei mögliche Ausgangspunkte für die Durchquerung der engen Schlucht.

❶ Die kürzere Tour beginnt an der C 710 bei km 25,1 direkt gegenüber vom beliebten Restaurant "Escorca". Anfahrt mit dem Bus, Taxi oder Mietwagen. Parkplätze sind genügend vorhanden.

Direkt gegenüber der Terrasse des Restaurants geht es durch ein Holztor einen Weg abwärts. Bis nach **s'Entreforc**, wo sich die beiden Täler **Torrent de Gorg Blau** und **Torrent de Lluc** treffen und dort zum **Torrent de Pareis** vereinigen, benötigen Sie etwa eine Stunde.

❷ Die zweite Variante beginnt am Kloster Lluc und führt über das Torrent de Lluc nach s'Entreforc. Für diese Strecke müssen Sie eine knappe Stunde mehr einplanen.

Von s'Entreforc aus können Sie auch ein Stück weit bis zu einer **sa Fosca** (die Dunkelheit) genannten Stelle in das Torrent de Gorg Blau hinein wandern. Die Schlucht wird sehr eng und schlagartig wird es dunkler und sehr kühl. Wagen Sie sich nicht zu weit in die Schlucht vor. Für den Weg von s'Entreforc bis sa Calobra benötigen Sie knapp zwei Stunden. Am Ausgang der Schlucht stoßen Sie auf eine schöne Bucht, die sich bei nicht zu starkem Wellengang hervorragend für ein erfrischenden Bad eignet. Den Rückweg können Sie mit Bus, Taxi oder per Anhalter antreten. Darüber hinaus verkehren von sa Calobra auch Schiffe nach Sóller.

☺ An jedem zweiten Sonntag im Juli findet in dem von sa Calobra zu erreichenden Teil der Schlucht ein Gesangskonzert statt.

5

5. Lluc - Pollença

⌛ 4½ Std.
⇧ ca. 100 m
⇔ ca. 19 km
▶ Einfache Wanderung auf Karrenwegen und Asphaltstraßen, den größten Teil der Strecke abwärts.
✖ Kaum markiert, an einigen Stellen Hinweisschilder oder Steinmännchen.

Die Etappe von Lluc nach Pollença verläuft zum größten Teil auf dem "**Cami Vell**", dem alten Verbindungsweg zwischen dem Kloster und der Ortschaft. Der Weg führt dicht am Fuße der großartigen, steilen Nordflanke des Tomir hinunter in das lieblich Tal Vall d'en Marc bis zum sehenswerten Pollença, einer Ortschaft, die noch viel von ihrer mallorquinischen Ursprünglichkeit bewahrt hat.

Sie starten am Kloster und verlassen das Gelände vorbei am Parkplatz auf der zur C 710 führenden Straße. Etwa 200 m hinter dem Parkplatz gehen Sie links ab und kurz darauf rechts durch einen Durchlaß in einer Steinmauer. Der Weg führt zum Sportplatz des Klosters. Vor dem Haupteingang gehen Sie rechts am Zaun entlang, wo Sie nach wenigen Metern auf eine Tür stoßen, durch die Sie auf den Sportplatz gelangen. Sie überqueren den Sportplatz und verlassen ihn durch eine Tür hinten links.

Nun befinden Sie sich auf dem alten Verbindungsweg zwischen Lluc und Pollença, dem **Cami Vell**. Links liegt das Bett des Torrent de Lluc, über das eine neue Holzbrücke führt. Hier können Sie zwischen zwei Alternativen wählen:

❶ Der Hauptweg führt weiter entlang des Baches auf dem Karrenweg. Nach links hat man einen schönen Blick auf das kurios geformte, vom Regenwasser ausgewaschene Gestein. Sie passieren ein Freizeitgelände, wo auch gezeltet werden darf. Anschließend kommen Sie an einem langgestreckten Zypressenwald vorbei. Der Weg führt aufwärts durch dichten Steineichenwald entlang bizarr geformter Felsen, bis Sie an die von Pollença kommende C 710 stoßen.

Dort gehen Sie links und nach etwa 100 m rechts durch die von zwei Betonpfosten begrenzte Einfahrt auf die einspurige Asphaltstraße, die zur Finca Binifaldó führt.

❷ Alternativ können Sie aber auch gleich nach dem Verlassen des Sportplatzes über die Brücke gehen und dann einem schmalen Bergpfad aufwärts folgen. Nach einiger Zeit gabelt sich der Pfad. Hier müssen Sie rechts Richtung es Pixarells und Menut gehen. Nach einiger Zeit gelangen Sie an die von Pollença kommende C 710, wo Sie nach rechts gehen. Nach etwa 100 m erreichen Sie auch hier die Einfahrt, die zur Finca Binifaldó führt.

Etwa 200 m hinter der Einfahrt passieren Sie die Gebäude der Finca Manut. Durch lichten Steineichenwald, der auf kargem Fels wächst, geht es weiter leicht bergauf. Aber schon nach wenigen hundert Metern haben Sie den **Coll de Menut** erreicht, mit etwa 600 m der höchste Punkt dieser Etappe. Obwohl der Paß an sich völlig unscheinbar ist und eigentlich keiner Erwähnung bedarf, markiert er dennoch einen besonderen Punkt. Von hier bis zum Endpunkt der Wanderung durch die Serra de Tramuntana in Port de Pollença geht es nun nämlich nicht mehr bergauf. Für manchen ein Grund zum Feiern.

Hinter dem Paß kommt voraus bald der mächtige Tomir mit seinen steilen Flanken in Sicht und kurz darauf die Gebäude der Finca **Binifaldó**, die heute als Ferienhaus für Jugendgruppen und Schulklassen genutzt und vom Kloster Lluc unterhalten werden. Von hier können Sie den **Tomir** besteigen (☞ 4. Kapitel, Aufstieg auf den Tomir).

Noch vor der Finca verlassen Sie die Asphaltstraße nach links auf den mit einer Eisenkette versperrten Karrenweg. Nach rechts haben Sie einen schönen Blick auf den Berg, der Sie einen Großteil der Wanderung begleiten wird. Hinter sich können Sie den Puig Major und den Massanella sehen. Der Weg führt durch lichten Steineichenwald, stellenweise sind Aleppokiefern eingestreut, die für einen intensiven, harzigen Duft sorgen. Im Frühjahr blühen am Wegesrand zahlreiche Orchideen.

Sie treffen auf eine Steinmauer, in der eine Öffnung einen Durchlaß gewährt und kurz darauf auf ein Tor, mit dem Hinweis zur Finca Muntanya. Gleich hinter dem Tor haben Sie erneut einen besonders schönen Blick auf den Tomir. Wer gute Augen oder einen Feldstecher hat, kann die Gipfelsäule sehen. Es geht nun ständig abwärts mit schönem Blick hinunter in das **Vall d'en Marc**, das sich immer weiter öffnet.

Nach einiger Zeit, es geht jetzt direkt auf die schier unüberwindlich scheinende Nordflanke des Tomir zu, zweigt nach links unten die durch zwei Steinmännchen markierte Zufahrt zur Finca Muntanya ab, die Sie etwas weiter unten

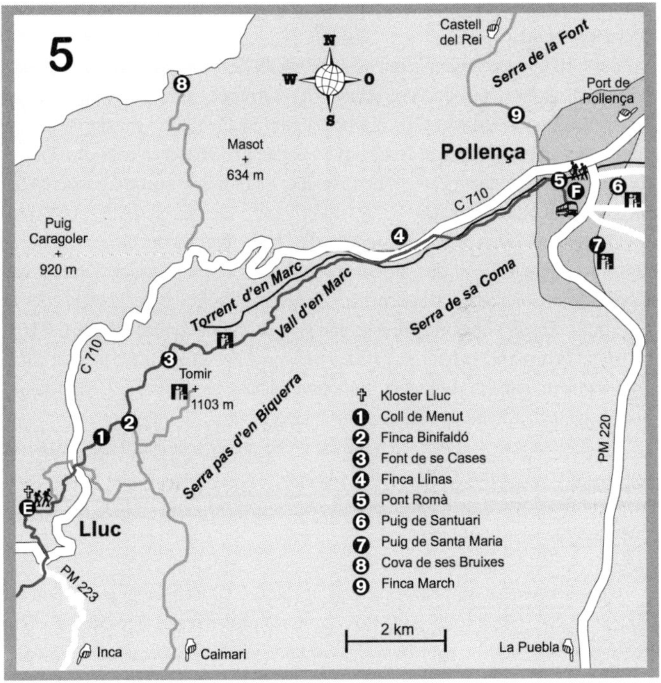

sehen können. Kurz darauf erreichen Sie die rechts liegende Quelle **Font de se Cases**. Das frische, kühle Quellwasser ist eine willkommene Erfrischung und im Schatten der Bäume direkt unterhalb des Tomir läßt es sich herrlich rasten.

Gleich hinter der Quelle führt der Weg über einen Trockenbach und wendet sich in einer scharfen Rechtskurve ostwärts. Sie passieren eine weitere, nach links führende Zufahrt zur Finca. Es geht weiter abwärts, und der Blick voraus ins Tal wechselt ständig, während rechts der mächtige Hang des Tomir ein stetiger Begleiter ist.

Sie passieren einen langgestreckten Viehstall aus Feldsteinen und kurz darauf ein Gatter. Der Weg führt nun für eine Weile durch kultiviertes Land: Johannisbrotbäume bestimmen hier das Bild. Das nächste Gatter, das Sie passieren, trägt einen Hinweis nach Pollença. Dahinter können Sie sehr schön den Aufbau einer typischen Tanca studieren. Das kultivierte Land weicht wieder einem z.T. dichten Steineichenwald.

Etwa 20 Minuten weiter können Sie unterhalb des Weges eine mondäne Finca mit einem großen, blauen Pool sehen. Der Karrenweg führt zum Eingang der Finca. Von nun an wandern Sie auf befestigten Straßen. Sie kommen in kurzen Abständen an verschiedenen Landhäusern vorbei und erreichen bald den Torrent de Muntanya. An einem Zufluß, den Sie über eine Brücke queren, passieren Sie die Finca son Marc.

Auf dem nächsten Streckenabschnitt, die Straße führt wieder etwas vom Bachbett fort, können Sie in den Trockenmauern links der Straße eine Vielzahl von Geckos beim Sonnenbaden beobachten. Schon bald stößt das Bachbett wieder an die Straße. Es geht über eine Brücke und kurz darauf treffen Sie auf die C 710.

Hier können Sie noch für gut 500 m weiter auf der alten Straße parallel zur C 710 wandern, müssen dann aber doch eine Zeitlang am Rande der viel befahrenen Verbindungsstraße von Pollença nach Lluc gehen.

Bei Kilometerstein 4 passieren Sie die große, malerische **Finca can Serra** und etwas später die **Finca Llinas**, deren Gebäude wie an einer langen Kette in der Schlucht des Torrent de l'Olivar gebaut sind und etwas Abwechslung auf diesem öden Streckenabschnitt bieten.

Glücklicherweise ist die Strecke entlang der C 710 nicht lang, und schon bei Kilometer 2,7, gleich nach einer Linkskurve hinter der rechts liegenden Zufahrt zur Finca can Pontico, geht es rechts ab und vor dem Gebäude gleich wieder links. Sie wandern jetzt durch kultiviertes Land auf einer Asphaltstraße, die alsbald aber nach rechts schwenkt. Hier führt der Wanderweg weiter geradeaus auf den unbefestigten Karrenweg. Dieser Karrenweg führt an den **Torrent de la Vall d'en Marc**, der neben einer zerstörten Fußgängerbrücke durch eine Furt überquert werden muß. Nur sehr selten führt der Bach Wasser, so daß Sie trockenen Fußes auf die andere Seite gelangen können.

Hinter der Furt geht es nach links. Sie sind nun auf dem Cami de can Guillot. Die Bebauung wird immer dichter, und nach gut 10 Minuten kommen Sie an den Zusammenfluß des von Norden aus dem Vall de Ternelles kommenden Torrent de Ternelles und dem Torrent de la Vall d'en Marc. Der neue Fluß hat auch einen neuen Namen: Bis zur Mündung in der Bucht von Pollença heißt er nun **Torrent de Sant Jordi**. Kurz darauf haben Sie das Ende der Straße und dieser Etappe in der Nähe der Pont Romà erreicht.

Die enge Schlucht Torrent de Pareis (S. 100)

Ins Zentrum von **Pollença** geht es nach rechts. Um zur römischen Brücke zu gelangen, müssen Sie die nächste Straße links gehen und stehen dann nach wenigen Schritten vor der Brücke.

☺ Wer gleich weiter nach Port de Pollença will, ohne in Pollença Station zu machen, sollte die römische Brücke überqueren, sich dann rechts halten und parallel zum Fluß bis zum Ende der Straße wandern. Dort geht es wieder rechts und erneut über den Torrent de Sant Jordi. Gleich hinter dem Fluß links abbiegen. Die Straße führt nun direkt an den Ausgangspunkt der Etappe nach Port de Pollença an der PM 220.

Pollença

BANK 07460

Touristeninformation, Carrer Calvari 2, ☎ 530669 (im Rathaus).

Busse nach Port de Pollença sowie Alcúdia und über Inca nach Palma. Nur im Sommer Verbindung nach Lluc und Sóller sowie eine weitere Linie nach sa Calobra.

Hotel Juma ***, Plaça Major 9, ☎ 535002, FAX 534155, von 6.000 bis 9.000 Pts, ganzjährig. Das Hotel liegt im Zentrum direkt am Marktplatz. Es hat 7 Zimmer mit Bad und WC. Das Hotel ist seit drei Generationen in Familienbesitz. Weitere Unterkünfte aller Kategorien in Port de Pollença.

Der Ort liegt am nordöstlichen Ende der Serra de Tramuntana. Die Gegend um die beiden großen Buchten von Alcúdia und Pollença gehören zum ältesten Siedlungsgebiet Mallorcas und war möglicherweise schon den Phöniziern bekannt, die in diesem Teil der Insel lange vor Christi Geburt Handelsbeziehungen mit der Bevölkerung unterhielten. Die Römer gründeten etwa 100 Jahre vor Christi Geburt eine Siedlung in der Nähe des heutigen Alcúdia, die sie Pollentia, die Starke, nannten.

Im 5. Jahrhundert wurde diese Stadt von den Vandalen erobert. Die Überlebenden gründeten weiter im Landesinneren am Torrent de Sant Jordi eine neue Siedlung, die sie nach ihrer zerstörten Heimatstadt benannten. Aus dieser Siedlung ist das heutige Pollença hervorgegangen.

Pollença ist Hauptort des gleichnamigen Gemeindebezirks, zu dem noch die Orte Port de Pollença und Cala Sant Vicenç gehören. In dem 150 km² umfassenden Gemeindebezirk leben insgesamt etwa 13.000 Einwohner.

Wenn man heute durch die engen Gassen der Stadt bummelt, fällt zum einen der maurische Einfluß auf die Stadtentwicklung auf und zum anderen ein gewisses italienisches Flair, das die kleinen Paläste und Herrenhäuser, die im 18. und 19. Jahrhundert gebaut wurden, vermitteln.

Die Stadt gilt als Ort der feinen und reichen Leute. Rund um Pollença haben sich wohlhabende Bürger ihre Finca gebaut und schon um die Jahrhundertwende gingen die "wirklich feinen Leute" nach Pollença.

Sehenswert ist in der Stadt zum einen die **Römerbrücke** über den meist ausgetrockneten Torrent de Sant Jordi. Ob diese Brücke aber wirklich aus der Römerzeit stammt oder erst eine Nachbildung aus dem Mittelalter ist, ist umstritten. Vieles spricht dafür, daß die Brücke jüngeren Datums ist.

Das aus dem 16. Jahrhundert stammende Dominikanerkloster **Convent de Sant Domènec** hat einen schönen Kreuzgang und Innenhof.

☺ Wenn Sie sich sonntags in der Stadt oder in der Nähe aufhalten, sollten Sie nicht versäumen, den weithin bekannten Markt aufzusuchen, der vormittags auf dem Hauptplatz (Plaça Major) abgehalten wird. Jedes Jahr finden in der letzten Juliwoche bis 2. August auf dem Marktplatz die Feiern zum Patronatsfest *Fiesta de la Mare de Déu dels Angels* statt.

Hier finden jedes Jahr im August und September die internationalen Musikfestspiele mit bis zu 12 Konzerten statt.

𝄞 **Kartenreservierungen** im Rathaus über Patronats Festival de Pollença, Carrer Calvari 2, ☎ 534012.

In einem Seitenflügel des Klosters ist das Stadtmuseum untergebracht. Die Kirche **Nostra Senyora del Roser** lohnt einen Besuch wegen ihres barocken Altaraufsatzes, einer geschnitzten Marienfigur aus dem 13. Jahrhundert sowie der aus dem Jahre 1732 stammenden Orgel.

Sehenswert ist auch die 1236 gegründete Pfarrkirche **Nostra Senyora dels Angels**, dessen heutiger, innen reich verzierter Bau aus dem 18. Jahrhundert stammt. In 14 großflächigen Gemälden wird der Kreuzweg Christi dargestellt. Geschaffen wurden die Bilder von dem deutschen Maler Eugen Mosgraber, dem Spanier Joaquín Tudela und dem Argentinier Atilio Boveri. Der Platz vor der Kirche gehört zu einem der schönsten Mallorcas.

Bei einer Besichtigung Pollenças darf ein Aufstieg auf den etwa 170 m hohen **Puig del Calvari**, den Kalvarienberg, nicht fehlen. Auf den Hügel führt eine von Zypressen flankierte Treppe mit 365 Stufen, für jeden Tag des Jahres eine. Den Hügel krönt eine einfache Kapelle, die Ende des 18. Jahrhunderts erbaut wurde.

Von einem kleinen Aussichtspunkt aus hat man einen herrlichen Blick auf die Stadt und ihre Umgebung, insbesondere auf die Einsiedelei Puig de Maria. Die kleine Kapelle ist Ausgangspunkt der Karfreitagsprozession in Pollença, die zu den eindrucksvollsten religiösen Umzügen Spaniens gehört.

Ausflugstips in der Umgebung

Kurzer Spaziergang auf den Puig de Santuari

Etwa 1,5 km östlich Pollenças liegt der 141 m hohe **Puig de Santuari**, über den ein schmaler Pfad führt. Den Ausgangspunkt des Weges an einem Picknickplatz erreichen Sie in etwa 15 Minuten von Pollença aus. Der Hügel bietet mit verschiedenen Orchideenarten vor allem dem botanisch interessierten Wanderer [illegible]

Kurzer Ausflug auf den Puig de Santa Maria

Auf dem etwas südlich der Stadt gelegenen 333 m hohen Berg **Puig de Santa Maria** thront ein im gotischen Stil erbautes Kloster aus dem 14. Jahrhundert. 1988 verließen die letzten Nonnen das Kloster, das heute in Privatbesitz ist und als Herberge dient.

Santuario del Puig de Maria, Puig de Maria, ☎ 184132,

Vom Gipfel aus haben Sie eine wunderschöne Aussicht auf die Bucht von Pollença und die Halbinsel Formentor. Das ehemalige Kloster ist auch ein Wallfahrtsort, der an Sonntagen und vor allem am Ostermontag von den Einheimischen in Scharen besucht wird.

Sie erreichen den Gipfel in etwa 30 Minuten von der nach La Puebla führenden PM 220, wo etwas südlich des Ortes beim Kilometerstein 52 eine schmale Asphaltstraße abzweigt, die hinter einem Wendeplatz in einen stufigen Pfad übergeht. Der Wanderweg ist gut markiert.

5

Wanderung zum Castell del Rei

Die Burg wurde im 10. Jahrhundert von den Arabern auf den Ruinen eines möglicherweise römischen Wachturmes gebaut. Ende des 16. Jahrhunderts wurde der Kirchenschatz der Stadt in der Burg versteckt, um ihn vor plündernden Seeräubern zu schützen. Mehrfach haben mallorquinische Herrscher die Anlagen als Zufluchtstätte genutzt, wodurch der Name **Castell del Rei** (Königsburg) entstanden ist.

Heute ist außer dem Eingangsportal und den Grundmauern von der Anlage nicht mehr viel zu sehen. Allerdings lohnt der Ausblick vom 476 m hohen, exponierten Felsplateau, auf dem die Burg gebaut wurde.

Die Wanderung führt über Land im Privatbesitz. Seit einiger Zeit ist der Zugang nur samstags zwischen 8:30 und 15:00 gestattet. Erkundigen Sie sich vor Ort, ob sich die Zeiten geändert haben.

Ausgangspunkt der Tour ist die nach Lluc führende C 710, die Sie bei der Römerbrücke überqueren und dort weiter Richtung Norden auf der mit "Ternelles" ausgeschilderten Straße weiterwandern, bis Sie an den Eingang zur Finca March gelangen.

Hier steht oft ein Wachmann, der Sie unerbittlich zurückweist, wenn Sie zur falschen Zeit kommen. Oft werden Sie auch nach Ihrem Hotel gefragt.

An der Finca vorbei geht es weiter bis zur **Font de l'Algaret**. Kurz darauf passieren Sie das links liegende **Landgut Ternelles,** und wenig später erreichen Sie eine Abzweigung, an der es links in wenigen Minuten zur Kapelle **la Cella** geht. Zum Castell geht es halbrechts weiter, nun durch das Tal de Ternelles bis zum 335 m hohen **Coll de Miquelet**, von wo aus der steile, aber kurze Aufstieg beginnt.

Für die Wanderung auf einer einfachen Schotterpiste müssen Sie hin und zurück knapp 4 Stunden rechnen und eine Höhe von 400 m überwinden.

6. Pollença - Port de Pollença

⌛ 1 ½ Std.
⇧ keine
⇔ ca. 8 km
▶ Einfache Wanderung auf Asphaltstraßen und entlang der Strandpromenade.
✖ Keine Markierung notwendig.

Auf der letzten Etappe der Wanderung geht es über befestigte Wege durch mehr oder weniger besiedeltes Land. Sie ist nur kurz und bietet keine großen Höhepunkte mehr. Man versäumt nichts, wenn man für diese Strecke einen der häufig verkehrenden Busse nimmt.

☺ Da die Etappe sehr kurz ist, bietet es sich an, sie direkt an die Etappe von Lluc nach Pollença anzuhängen, zumal die Unterkunftsmöglichkeiten in Port de Pollença sehr viel besser sind als im landeinwärts gelegenen Hauptort. Wer sich dann nochmals genauer in Pollença umsehen will, kann den Ort leicht mit öffentlichen Verkehrsmitteln erreichen.

Der Startpunkt liegt an der Kreuzung der PM 220 (Pollença - La Puebla) mit der Straße "Cami de Llenaire" etwas südlich des Torrent de Sant Jordi im Nordosten des Ortes. Sie gehen Richtung Osten in den Weg, der für Kraftfahrzeuge über 5 t gesperrt ist.

Nach etwa 100 m erreichen Sie den rechts liegenden Eingang zur "Villa Verde", einem schmucken Anwesen, das in einem parkähnlichen Gelände liegt. Der Weg führt nun durch ein Gelände mit lockerer Bebauung. Rechts geht der Blick hinauf zum Puig de Santuari. Allmählich wird die Bebauung lichter und die Gärten größer.

Gut 20 Minuten nach Ihrem Aufbruch erreichen Sie eine Kreuzung, an der es weiter geradeaus geht. Auf der linken Seite können Sie den um die 300 m hohen Rücken der **Serra de la Punta** sehen, hinter dem der bekannte Badeort **Cala Sant Vicenç** verborgen liegt. Bald passieren Sie ein rechts liegendes Trafohäuschen und kurz darauf ein Umspannwerk. Etwa 400 m weiter gabelt sich die Straße. Rechts geht es in den "Cami de Canaveret". Sie gehen hier links und gelangen so wieder an den Torrent de Sant Jordi, den Sie überqueren.

Der Weg führt nun wie mit dem Lineal gezogen geradeaus durch Obstplantagen auf die Bucht von Pollença zu. Voraus sind die Berge der Formentor-Halbinsel zu sehen und die ersten Häuser und Hotels, die entlang der Bucht stehen. Links liegt der kleine, 115 m hohe Puig de Gommar.

Bald sind die ersten Häuser erreicht, und wenig später stehen Sie an der Strandstraße, die Port de Pollença mit Alcúdia verbindet. Auf dem Fußweg geht es nun unmittelbar am breiten Sandstrand unter Palmen ins Zentrum des beliebten Badeortes.

Nach etwa 1,5 km erreichen Sie den Yachthafen mit einem großen Parkplatz und dem Busterminal. Etwas weiter, an einem Kreisverkehr mit Taxistand, sind Sie mitten im Zentrum von **Port de Pollença**. Hier haben Sie das Ende Ihrer Wanderung durch die Serra de Tramuntana erreicht.

Port de Pollença BANK 07470

Touristeninformation, Ctra de Formentor 31, ☏ 865467, FAX 866746.

Taxistand nördlich des Yachthafens am Ende der von Pollença kommenden Straße Juan XXIII. Einige Preisbeispiele (in Peseten) von Port de Pollença nach Pollença (1.100), Sóller (8.000), Deyá (8.800), Valldemossa (8.200), Lluc (3.900), Calobra (9.700), Palma Flughafen (7.700).

Linienbusse nach Alcúdia, Pollença und Palma sowie im Sommer einmal täglich über Lluc nach Sóller.

Hotel Illa d'Or ****, Paseo Colón, 07470 Port de Pollença, ☏ 865100, FAX 864213, von 7.000 bis 40.000 Pts, ganzjährig. Das 1928 erbaute Traditionshotel verfügt über 119 komfortable Räume und liegt direkt am Meer am Ortsausgang in Richtung Formentor.

- Hotel Uyal ***, Paseo Londres, 07470 Port de Pollença, ☏ 865500, FAX 865513, von 5.000 bis 10.000 Pts, Februar bis November. Das vierstöckige Hotel mit 199 Betten in 104 Zimmern liegt an der Strandstraße südlich des Zentrums.
- Hotel Daina ***, Atilio Boveri 2, 07470 Port de Pollença, ☏ 866250, FAX 866145, von 5.500 bis 8.500 Pts, März bis November. Das sechsstöckige Hotel liegt im Zentrum direkt am Meer und hat 70 Zimmer.
- Hostal Paris, Magallanes 18, 07470 Port de Pollença, ☏ 864017, FAX 864017, ab 2.500 Pts, März bis November. Das 1977 gebaute Haus liegt etwa 100 m

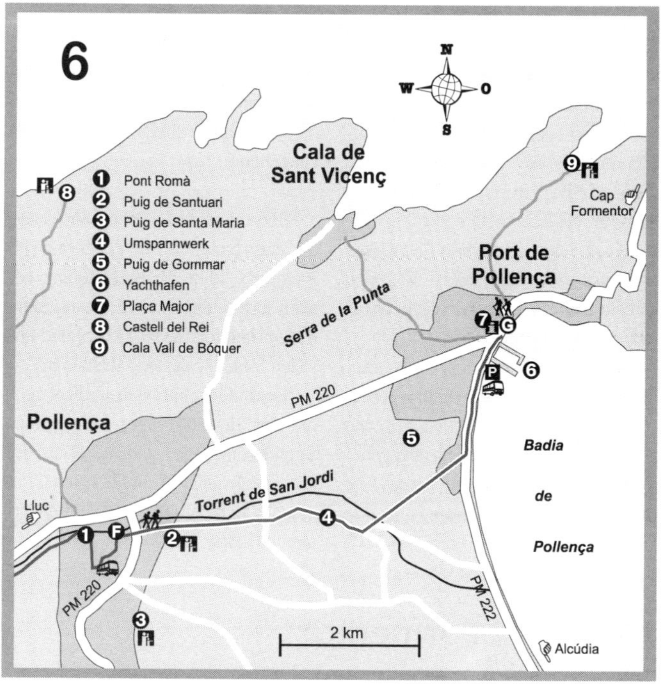

vom Strand entfernt in einer Seitenstraße südlich des Zentrums und hat 44 Doppelzimmer.

- Agrotourismo Finca Ca'n Cap de Bou, Camino de la Almadraba, ☎ 721508, FAX 717317, von 12.000 bis 27.000 Pts, ganzjährig. Das Landhotel hat vier Apartments und zwei separate Häuser für je 8 Personen. Das um 1800 erbaute Anwesen liegt in einem 34 ha großen Gelände in einem Natur- und Vogelschutzgebiet an der Bucht von Pollença auf halbem Weg nach Alcúdia

Obwohl Port de Pollença an einer der schönsten und längsten Buchten Mallorcas liegt und bereits Anfang des Jahrhunderts als Reiseziel von Engländern entdeckt wurde, hat sich der Ort dem Massentourismus nur schonend geöffnet. Deshalb ist der Ort trotz der vielen Hotels ein hübsches Fischer- und Hafenstädtchen mit

☺ Die Hotelvereinigung Associació Hotelera de Pollença (AHP) gibt ein über 50 Seiten starkes Heft heraus, in dem detailliert zahlreiche Wanderungen in vier Sprachen (Spanisch, Englisch, Französisch und Deutsch) in der Region beschrieben werden. Das Heft mit dem Titel *Paraiso de Invierno Pollença (Winterparadies Pollença)* erhält man in den der AHP angeschlossenen Hotels.

Darüber hinaus machen die Hoteliers ihren Gästen noch weitere attraktive Angebote. So pendelt z.B. ein Bus zwischen den im Heft angegebenen Zielen, der für die Hotelgäste kostenlos ist.

schmalen, verwinkelten Gassen und einer schönen Strandpromenade geblieben, der sich sowohl für einen Badeurlaub eignet als auch als Standort für Wanderungen in die nähere Umgebung.

Besondere historische Sehenswürdigkeiten bietet Port de Pollença nicht. Allerdings lohnt die Besichtigung des **alten Ortskerns** mit dem baumbestandenen Hauptplatz Plaça Major und den vielen Straßencafés und Restaurants.

Besonderes Interesse verdient auch die nur für Fußgänger freigegebene **Strandpromenade**, die nördlich des Yachthafens beginnt und bis zum Ortsausgang in Richtung der Halbinsel Formentor führt.

Halbinsel Formentor

Die landschaftlich besonders schöne Halbinsel ist der letzte Ausläufer der Serra de Tramuntana. Sie ragt fast 15 km weit ins Mittelmeer hinein und bietet neben steil ins Meer abfallenden Küsten einsame, kleine Sandbuchten.

Beliebtes Ausflugsziel motorisierter Touristen ist die Spitze der Halbinsel, Kap Formentor, mit dem 1862 erbauten Leuchtturm.

Leider gilt auch für diese Halbinsel wie für so viele Gebiete auf Mallorca, daß große Teile des Landes in Privatbesitz sind und ausdrücklich nicht betreten werden dürfen.

Es gibt daher auch keinen durchgängigen Wanderweg, der bis ans Ende führt. Und eine Wanderung entlang der vielbefahrenen Straße ist überhaupt nicht zu empfehlen. Dennoch sind auch auf Formentor einige lohnenswerte Wandertouren möglich.

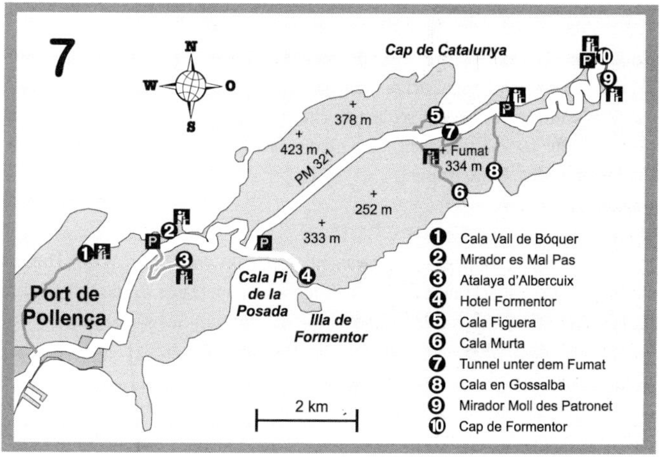

Vom Mirador d'es Mal Pas zum alten Wachtturm

Ausgangspunkt ist der große Parkplatz an der PM 221 kurz hinter Port de Pollença bei Kilometer 5,5. Vom Parkplatz aus, mit einem Denkmal für den Erbauer der Straße, erreicht man eine Reihe von schön angelegten Aussichtspunkten, dem sog. **Mirador d'es Mal Pas** oder **Mirador d'es Colomer**, wie diese Stelle auch genannt wird. Von hier hat man einen atemberaubenden Blick auf die Steilküste, ihre Buchten und vorgelagerte Inseln. Nach Osten hin kann man bis zum Kap sehen. Es lohnt sich, bis zum Ende der Aussichtsterrassen zu gehen.

Die eigentliche Wanderung beginnt gegenüber vom Parkplatz. Hier windet sich ein schmales Asphaltsträßchen hinauf zu einem noch gut erhaltenen Wachturm aus dem Mittelalter, dem **Atalaya d'Albercuix**, der auf einem Hügel in 380 m Höhe steht. Von diesen Türmen wurden im Mittelalter die Bewohner mit Hilfe von Feuer- oder Rauchsignalen vor feindlichen Angriffen gewarnt. Dieser Turm ist einer der wenigen noch erhaltenen Wachtürme, die in einer Kette vom Castell del Rei bis nach Alcúdia um die ganze Halbinsel herum standen.

Vom Turm aus haben Sie einen wunderbaren Blick auf die Halbinsel Formentor, die Bucht von Pollença und Alcúdia. Für Hin- und Rückweg müssen Sie eine gute Stunde rechnen.

Zur Cala Figuera und zur Cala Murta

Bei Kilometer 13 zweigt nach links von der PM 221 der Weg zur **Cala Figuera** ab, die als eine der schönsten Buchten Mallorcas gilt. Etwas weiter geht es rechts ab zur **Cala Murta**. Auch diese schöne Bucht mit Picknicktischen und Grillfeuern kann man nur zu Fuß erreichen. Im hinteren Teil des Strandes führt ein Pfad zu einem lohnenden Aussichtspunkt.

Besteigung des Fumat

Etwa bei Kilometer 14 beginnt der Straßentunnel unter dem 334 m hohen **Fumat**. Direkt vor dem Tunnel und auch dahinter führen Wanderwege auf den Gipfel des Berges. Die Route, die vor dem Tunnel beginnt, erfordert Schwindelfreiheit.

Zur Cala en Gossalba

Kurz vor Kilometerstein 15 liegt auf der linken Seite der Straße ein kleiner Parkplatz, von dem aus man bereits einen schönen Blick bis zum Kap Formentor und zur Cala Figuera hat. In der Kurve gegenüber vom Parkplatz führt ein Pfad hinab in die nur 25 m breite Bucht **Cala en Gossalba** mit ihrem Kieselstrand, der meist menschenleer ist. Für Hin- und Rückweg müssen Sie mit einer guten Stunde rechnen.

Zum Mirador Moll des Patronet

Direkt am Parkplatz beim Leuchtturm am Ende der Halbinsel führt ein sehr gut ausgebauter Wanderweg in einen Taleinschnitt südwestlich des Leuchtturmes hinab. Der mit Geländern und Stufen gesicherte Pfad endet an einer Aussichtsplattform am **Mirador Moll des Patronet** fast senkrecht über dem Meer in schwindelerregender Höhe. Besonders gut lassen sich von hier aus Seevögel beobachten. Für den Weg hin und zurück benötigen Sie etwa 30 Minuten.

Hotel Formentor

Etwa bei Kilometer 9 zweigt nach rechts die Zufahrt zur **Cala Pi de la Posada** ab, an der das berühmte Hotel **Formentor** liegt. Noch vor wenigen Jahren war die Traumbucht nur den Gästen des exklusiven Hotels vorbehalten. Heute ist sie allgemein zugänglich und im Sommer leider oft überlaufen. Die Badegäste kommen nicht nur mit dem Linienbus oder Auto, das auf dem großen, gebührenpflichtigen Parkplatz an der Abzweigung abgestellt werden kann, sondern auch mit diversen Ausflugsbooten von Port de Pollença.

Am Strand beim exklusiven Hotel Formentor

Das an ein Kloster erinnernde Hotel wurde 1929 von dem Argentinier Adan Diehl, der die gesamte Halbinsel kaufte, in einem Pinienhain in Strandnähe gebaut. Es wurde schnell zur Luxusherberge für illustre Gäste: Charlie Chaplin, Placido Domingo, Audrey Hepburn, Michael Douglas, Winston Churchill, die englische Königsfamilie, Helmut Schmidt und der Dalai Lama haben neben vielen anderen berühmten Persönlichkeiten im Hotel Formentor übernachtet.

Im Jahre 1991 wurde das inzwischen etwas heruntergekommene Hotel von einer Immobiliengesellschaft erworben, die es wieder zu der führenden Luxusherberge auf Mallorca machen will.

Hotel Formentor *****, Playa Formentor, 07470 Port de Pollença, ☎ 899100, FAX 865155, von 30.000 bis 80.000 Pts, Mitte März bis Ende Oktober. Das 1928 renovierte Traditionshotel hat 250 Betten in Einzel- und Doppelzimmern sowie 17 Suiten.

Cala Vall de Bóquer

Die Wanderung führt durch das unter Naturschutz stehende Tal **Vall de Bóquer** zu der gleichnamigen Kieselbucht, von der man einen phantastischen Ausblick auf die Halbinsel Formentor hat. Das Tal südlich der Serra del Cavall Bernat ist vor allem bei Vogelliebhabern bekannt, die hier auf der Suche nach seltenen Vogelarten, wie z.B. Mönchsgeiern oder Fischadlern sind. Aber auch seltene Pflanzen wie Zwergpalmen und Orchideen wachsen in dem abgelegenen Tal.

Darüber hinaus kann man am Fuße der Serra del Cavall Bernat Reste von Bauten aus der Megalithkultur von vor etwa 3000 Jahren entdecken sowie Grundsteine einer römischen Siedlung.

Die Wanderung führt über die Zufahrt zur Finca Bóquer und durch deren Innenhof. Zur Zeit der Drucklegung dieses Buches war die Passage noch jederzeit gestattet. Wegen des regen Wanderbetriebes - die Strecke durch das Tal zählt zu den beliebtesten Wanderungen von Pollença aus - und den damit verbundenen Störungen werden Überlegungen angestellt, den Durchgang zeitlich zu beschränken. Erkundigen Sie sich vor Beginn der Tour im Touristenbüro, ob der Durchgang noch gestattet ist und respektieren Sie den Grundbesitz der Eigentümer.

Von der Zufahrt zur Finca bis zur Bucht müssen Sie für Hin- und Rückweg etwa 2 Stunden rechnen bei einem Höhenunterschied von gut 100 m.

Kurz vor der Bucht zweigt vom Weg ein Pfad nach rechts ab, der zu einem guten Aussichtspunkt führt.

Cala de Sant Vicenç

07469

Touristeninformation, Plaça Cala Sant Vicenç, ☎ 533264.

Hotel la Moraleja *****, Urbanización los Encinares, ☎ 534010, FAX 533418, von 12.000 bis 25.000 Pts, Ende März bis Ende Oktober. Das erst 1997 gebaute Hotel verfügt nur über ein Einzelzimmer sowie zwei Doppelzimmer, bietet dafür aber 14 Suiten. Es liegt an einer Parallelstraße zur nach Pollença führenden Hauptstraße.

♦ Hostal los Pinos **, C'an Botana, ☎ 531210, FAX 533568, ab 4.000 Pts, März bis Oktober. Das Haus liegt südlich des Ortes an einer ruhigen Nebenstraße nicht weit von den beiden schönen Buchten Cala Molins und Cala Carbo.

Der kleine Ferienort **Cala de Sant Vicenç**, der durch die Serra de la Punta von Port de Pollença getrennt ist, wird wegen seiner schönen Sandbuchten vor allem von Badeurlaubern angesteuert. Der Ort ist aber auch von historischem Interesse,

6

kann man hier doch in einem westlich des Ortskerns gelegenen Park etwa 4.000 Jahre alte prähistorische Höhlen besichtigen.

Im Südwesten von Port de Pollença zweigt vom Cami de Siller an zwei mit der Aufschrift "Siller" markierten Torpfosten ein Weg ab, der über den **Coll de Siller** bis nach Cala de Sant Vicenç führt. Für die einfache Strecke benötigen Sie eine gute Stunde.

Naturschutzgebiet s'Albufera

Wer sich länger in der Region aufhält, sollte auf keinen Fall einen Besuch des zwischen Alcúdia und Can Picafort liegenden Naturschutzgebietes **s'Albufera** versäumen. Dabei handelt es sich um das größte zusammenhängende Feuchtgebiet Mallorcas mit ausgedehnten Sümpfen und weiten Schilfbeständen. Durch das Gelände wurden Wanderwege gebaut und Hütten errichtet, in deren Schutz man viele seltene Vogelarten beobachten kann.

Port d' Alcúdia ✉ 07410

ℹ Touristeninformation, Ctra Arta 68, ☎ 892615, FAX 892615.

Das südlich der Bucht von Pollença liegende Städtchen Alcúdia lohnt einen Besuch. Es liegt zum großen Teil innerhalb einer noch gut erhaltenen mittelalterlichen Stadtmauer. Daneben findet man noch Reste und Ruinen aus römischer Zeit. Sehenswert ist auch das Zentrum mit seinen schönen, z.T. gerade erst renovierten Gassen und dem aus dem Jahre 1523 stammenden Rathaus.

Wanderer kommen auch auf der **Halbinsel Alcúdia**, die die Buchten von Pollença und Alcúdia voneinander trennt, auf ihre Kosten. Über die Halbinsel verläuft ein etwa fünfstündiger Rundwanderweg, der über den guten Aussichtsberg sa Penya Roja (355 m) und den Coll de Pedregaret zu einem in 455 m Höhe stehenden Wehrturm führt.

BAS

- Böckler, Michael: Sturm über Mallorca; Droemer, 315 Seiten, DM 12,90, ISBN 3426606941. Spannender Kriminalroman, zugleich informativer Führer.
- Breloer, Heinrich & Schauhoff, Frank: Mallorca, ein Jahr; Kiepenheuer und Wisch , 306 Seiten, DM 16,90, ISBN 3462025953. Roman um einen Aussteiger, der Hals über Kopf nach Mallorca flieht, viel wird von der Landschaft und den Menschen der Insel berichtet. Lektüre für alle, die das wahre Mallorca suchen.
- Graves, Robert: Geschichten aus dem anderen Mallorca; RKH-Grundmann, 176 Seiten, DM 29,80, ISBN 3896621610. Der bekannte Schriftsteller und Dichter Robert Ranke-Graves (1895 - 1985) lebte bis zu seinem Tod über 50 Jahre auf Mallorca in dem Künstlerdorf Deyá. Berühmt wurde er durch seine historischen Claudius-Romane. In den Geschichten aus seiner Wahlheimat, die erstmalig in deutscher Übersetzung erschienen sind, präsentiert Graves ein Bild der Insel und ihrer Bewohner abseits des Tourismus
- Karlinger, Felix & Ehrgott, Ulrike: Märchen aus Mallorca; Diederichs, 306 Seiten, DM 38,00, ISBN 3424002976. Einige schöne mallorquinische Märchen.
- Sand, George: Ein Winter auf Mallorca; dtv, 269 Seiten, DM 16,90, ISBN 3423124970. Beschreibung des Aufenthaltes von Georg Sand mit ihrem Geliebten Frédéric Chopin auf Mallorca im Winter 1838, inzwischen zu einem Kultbuch geworden und von vielen Verlagen erhältlich.
- West, Gordon: Eine Mallorquinische Reise; RKH-Grundmann, 193 Seiten, DM 29,80, ISBN 389662153. Gordon West berichtet in dem Buch auf humorvolle und unterhaltsame Weise von seiner 1929 unternommenen Mallorca-Reise
- Kunze, Gabriela: Cuina Mallorquina - Vom Essen und Trinken auf Mallorca; Hugendubel, 120 Seiten, DM 48,00, ISBN 3896312081. Das Buch ist kulinarischer Reiseführer, Bildband und Kochbuch in einem.
- Radatz, Hans-Ingo: Kauderwelsch, Mallorquinisch Wort für Wort; RKH-Rump, 173 Seiten, DM 14,80, ISBN 3894163240. Vermittelt das nötige Rüstzeug, um schnell zu sprechen, Schwerpunkt sind Anforderungen des Reisealltags.

Index

Alle Titel aus dem Conrad Stein Verlag

OutdoorHandbücher Basiswissen für Draussen

Band		DM
1	Rafting	12,80
2	Mountainbiking	12,80
3	Knoten	12,80
4	Karte Kompaß GPS	14,80
5	Eßbare Wildpflanzen	12,80
6	Skiwandern	12,80
7	Wildniswandern	12,80
8	Kochen	12,80
9	Bergwandern	12,80
10	Solo im Kanu	12,80
11	Kanuwandern	14,80
12	Fotografieren	12,80
13	Wetter	12,80
14	Allein im Wald - Survival für Kinder	12,80
15	Wandern mit Kind zu Fuß · per Rad · mit Kanu	12,80
16	Sex- Vorbereitung Technik Varianten	12,80
20	Wüsten-Survival	14,80
21	Angeln	14,80
22	Leben in der Wildnis	14,80
24	Ratgeber rund ums Wohnmobil	14,80
25	Wale beobachten	14,80
30	Spuren & Fährten	14,80
31	Canyoning	14,80
34	Radwandern	14,80
35	Mushing - Hundeschlittenfahren	14,80
36	Gesund unterwegs	12,80
39	Erste Hilfe	14,80
45	Solotrekking	12,80
48	Für Frauen	12,80
58	Fahrtensegeln	14,80
65	Seekajak Ausrüstung Technik Navigation	12,80
68	Minimal Impact Outdoor - naturverträglich	12,80
69	Abenteuer Teeniegruppe	12,80
70	Wintertrekking	12,80
72	Schnorcheln und Tauchen	12,80
73	Trekkingreiten	14,80
77	Wohnmobil in USA und Kanada	19,80
86	Regenwaldexpeditionen	14,80
94	Wattwandern	14,80

OutdoorHandbücher Der Weg ist das Ziel

Band		DM
17	Schweden: Sarek	24,80
18	Schweden: Kungsleden	22,00
19	Kanada: Yukon	22,00
23	Spanien: Jakobsweg	24,80
26	West Highland Way (Schottland)	22,00
27	John Muir Trail (USA)	22,00
28	Landmannalaugar (Island)	22,00
29	West Coast Trail (Kanada)	22,00
32	Radtouren in Masuren (Polen)	24,80
33	Trans-Alatau (GUS)	22,00
37	Kanada: Bowron Lakes	22,00
38	Polen: Kanutouren in Masuren	24,80
40	Trans Korsika GR 20	24,80
41	Norwegen: Hardangervidda	24,80
42	Nepal: Annapurna	22,00
43	Schottland: Whisky Trail - Speyside Way	14,80
44	Tansania: Kilimanjaro	24,80
49	USA: Grand Canyon Trails	22,00
50	Kanada: Banff & Yoho Nationalpark-Tageswanderungen	22,00
51	Tasmanien: Overland Track	22,00
52	Neuseeland: Fiordland	22,00
53	Irland: Shannon-Erne	22,00
54	Südafrika: Drakensberge	22,00
55	Spanien: Pyrenäenweg GR 11	22,00
56	Polen: Drawa	19,80
57	Kanada: Great Divide Trails	22,00
59	Kanada: Wood Buffalo NP	19,80
60	Kanada: Chilkoot Trail	22,00
61	Kanada: Rocky Mountains - Radtouren	22,00
62	Irland: Kerry Way	22,00
63	Schweden: Dalsland-Kanal	24,80

64	England: Pennine Way	24,80
66	Alaska Highway	24,80
71	Spanien: Jakobsweg – Nebenrouten in Nordspanien	24,80
74	Nordirland: Coastal Ulster Way	22,00
76	Pfälzerwald-Vogesen-Weg	22,00
78	Polen: Pisa und Narew (I/2001)	19,80
79	Bolivien: Choro Trail	22,00
80	Peru: Inka Trail u. Region Cusco	22,00
81	Chile: Torres del Paine Cirquito	24,80
82	Norwegen: Jotunheimen	19,80
83	Neuseeland: Stewart Island	19,80
84	USA: Route 66	22,00
85	Finnland: Bärenrunde	19,80
87	Frankreich: Monblanc-Rundweg	19,80
88	Trans-Kreta	19,80
89	Schweden: Skåneleden	19,80
90	Mallorca: Serra de Tramuntana	19,80
91	Italien: Trans-Apennin	19,80
92	England: Themse	19,80
93	Spanien: Sierra Nevada	24,80
95	Norwegen: Nordkap Route	19,80
96	Polen: Czarna Hancza/Biebrza	19,80

OutdoorHandbücher Fernweh-Schmöker

Band		DM
46	Blockhüttentagebuch	24,80
47	Floßfahrt nach Alaska	22,00
75	Auf nach Down Under	14,80

ReiseHandbücher

	DM
Alaska	34,80
Antarktis	49,80
Australien-Handbuch	44,80
El Salvador/Honduras.	34,80
Gotland	24,80
Die Kirchen Gotlands.	24,80
Grönland	26,80
Iran	39,80
Island-Handbuch	34,80
Israel	26,80
Jemen	26,80
Jordanien	24,80
Kanadas Westen	39,80
Kanalinseln	29,80
Kanarische Inseln	29,80
Kiel	19,80
Kiel von oben	49,80
Komoren	24,80
Kurs Nord	49,80
Libanon	24,80
Libyen	34,80
Madeira & Azoren	34,80
Mexikos Süden, Belize & Guatem.	36,80
Namibia & Botswana	29,80
Neuseeland-Handbuch	36,80
Nicaragua	24,80
Ontario mit Montréal & Québec	29,80
Phuket & Ko Samui	29,80
Reisen mit dem Hund	22,00
Rumänien	26,80
Schottland	29,80
Schweiz	36,80
Sibirien	36,80
Slowakei	26,80
Spitzbergen-Handbuch	39,80
Südafrika	29,80
Südschweden mit Öland	29,80
Syrien	36,80
Tansania & Sansibar	36,80
Travel Planet	29,80
Tschechien - Tschech. Rep.	29,80
Überwintern - Langzeiturlaub im Süden	19,80
Uganda	29,80
USA - Nordwesten	34,80
USA - Südwesten	39,80
Vereinigte Arabische Emirate	22,00

Fremdsprech

Band		DM
1	Oh, dieses Dänisch	9,80
2	Oh, dieses Schwedisch	9,80

☺ **Weitere Bände in Vorbereitung. Fordern Sie unseren aktuellen Verlagsprospekt an.**